Zur Frage eines Zoll- u. Wirtschafts-Bündnisses zwischen Deutschland und Oesterreich-Ungarn.

Betrachtungen über die Durchführbarkeit
der bisherigen Vorschläge.

Von

einem deutschen Industriellen.

BERLIN 1916.

J. Guttentag, Verlagsbuchhandlung
G. m. b. H.

Einleitende Bemerkungen.

Mit elementarer Gewalt hat sich der Gedanke Bahn gebrochen, daß zwischen den eng verbündeten mitteleuropäischen Reichen auch nach erfolgtem Friedensschluß tunlichst innige handelspolitische und wirtschaftliche Beziehungen hergestellt werden sollen. Fast alle wirtschaftlichen und politischen Richtungen und Parteien haben sich mit diesem Vorschlage wenigstens grundsätzlich einverstanden erklärt und entgegenstehende Bedenken zurückgestellt. Das Nämliche ist mit ganz geringfügigen Ausnahmen von den außerordentlich zahlreichen Gutachten und Auslassungen berufener Fachmänner in der wissenschaftlichen Literatur und in der Presse zu sagen. Daß die Regierungen Deutschlands wie Oesterreich-Ungarns im allgemeinen dem Projekte sympathisch gegenüberstehen, darf man mit Sicherheit annehmen. Besonders bedeutsam erscheinen in dieser Richtung die bekannten Zustimmungserklärungen des österreichischen Handelsministers wie des Oberbürgermeisters von Wien.

Und damit auch gleichsam die Gegenprobe nicht fehle, erhellt aus den erbitterten Angriffen und Gegenplänen unserer Feinde, insbesondere in der britischen und französischen Finanzpresse, daß dort ernstlich mit der alsbaldigen Ausführung dieses Vorschlages gerechnet wird.

So gesehen, könnte das baldige Zustandekommen einer solchen Verbindung so gut wie gesichert erscheinen, zumal mit Recht hervorgehoben wird, daß ein derartiges Werk noch in diesen Tagen schweren Ringens sorgfältig vorbereitet und fertiggestellt werden muß, um bereits bei den Friedensverhandlungen in greifbarer Gestalt eine Rolle spielen zu können. Denn es steht wohl fest, daß bei diesen Verhandlungen auch handels- und wirtschaftspolitische Momente einen nicht geringen Teil des Vertragsinhaltes bilden werden. Der Endtermin der bestehenden Handelsverträge, auch der mit den neutral gebliebenen Staaten, fällt zeitlich zusammen mit dem voraussichtlichen Zeitpunkte des Friedensschlusses; gleichzeitig eröffnet die Aufhebung des bekannten Artikels 11 des Frankfurter Friedensvertrages von 1871 — die gegenseitige Meistbegünstigung zwischen Deutschland und Frankreich — die Möglichkeit und den Ausblick auf eine vollständige Neuordnung der handels- und wirtschaftspolitischen Beziehungen der ganzen Welt. Wie wir sehen werden, sind auch schon eine ganze Reihe von Vorschlägen in dieser Richtung gemacht und diskutiert worden. Zweifellos stehen wir, von der Bündnisfrage ganz abgesehen, vor einem bedeutungsvollen Wendepunkte in der gesamten Wirtschaftspolitik, und alle Probleme der Wirtschaftspolitik sind innig verwoben mit unserem Thema.

An gutem Willen, an der Bereitschaft zu gegenseitigen Zugeständnissen und Opfern wird es sicherlich weder in dem Donaustaate noch bei uns fehlen, zumal in diesem Augenblick.

Allgemeine Bedenken gegen das Bündnis.

Allein für ein dauerndes Werk, das so tief in das gegenseitige Verhältnis der verbündeten Staaten wirtschaftlich wie politisch eingreift, genügt bloße Sympathieempfindung keineswegs, auch wenn sie durch wichtige allgemeine politische Erwägungen und durch eine Reihe von ökonomischen Untersuchungen gestützt wird. Letztere gehen sämtlich von den Ziffern der Handelsstatistik aus, zweifellos dem besten, vielfach einzigen Material zur Beurteilung der wirtschaftlichen Lage und ihrer Veränderungsmöglichkeit. Allein man sollte sich doch darüber keiner Täuschung hingeben, daß auch diese Unterlage keine voll genügende ist. Vor allem ist die vielfach beliebte Zusammenfassung derartiger Ziffern im deutsch-österreichischen Handelsverkehr — noch dazu oft weniger Jahre oder gar eines einzigen Ausgangsjahres — stark irreführend. Innerhalb einer und derselben Gruppe der nämlichen Industrie bestehen zumeist beträchtliche Unterschiede zwischen den einzelnen Unternehmungen, die sich auf Herstellung von Spezialitäten, Rohstoffbeschaffung, geographische Lage, Kapitalentwickelung und tausend andere Umstände zurückführen lassen, deshalb nur schwer eine zusammenfassende Beurteilung gestatten und keineswegs innerhalb der Industriegruppe sich immer ausgleichen. Das Tarifschema paßt oft nicht für solche Gruppierung.

Um nur einige weitere grundsätzliche Einwände hervorzuheben, sei angeführt, daß sich nach Kriegsbeendigung für die ausführenden Industrien nur schwer übersehen lassen wird, ob die gestörten Handelsbeziehungen wieder im gleichen Maße aufgenommen, vielleicht sogar verstärkt oder aber aus Gründen der Rentabilität gelöst und durch solche nach anderen Staaten bzw. den Inlandsverbrauch ersetzt werden sollen. Neue technische Möglichkeiten für die Produktion sind während des Krieges nicht selten entstanden und werden nach Friedensschluß revolutionierend wirken. In einzelnen Zweigen kann der Verbrauch dauernd zu Surrogaten der bisherigen Waren greifen. Wie diese Verhältnisse auf den deutsch-österreichisch-ungarischen Verkehr zurückwirken werden, ist aus den Ziffern der Handelsstatistik nicht abzulesen, noch weniger das Resultat der inneren Steuerbelastung in beiden Reichen. Dazu die Veränderungen der Valuta. Wenn die Freiliste in den verbündeten Staaten erheblich sein soll und die Tendenz zu ihrer stetigen Erweiterung gegeben ist, so werden die deutschen Filialbetriebe in Oesterreich-Ungarn und umgekehrt eine Veränderung auch in den Beträgen der Handelsbilanz, nach oben oder nach unten, aufweisen.

Bündnis und Handelsvertrag.

Gewiß sind diese Schwierigkeiten, die hier nur gestreift worden sind und im folgenden auch nicht erschöpfend behandelt werden sollen, keine völlig unüberwindlichen. In gewissem

Grade erheben sie sich bei jeder Neuordnung des Verkehrs durch einen Handelsvertrag, der in der Regel nach ihrer Ueberwindung dann doch zustande kommt. Allein hier ist dennoch ein beträchtlicher Unterschied vorhanden. Bei den Handelsvertragsverhandlungen ist immer eine gewisse Möglichkeit schematischer Behandlung traditionell und durch das Bestehen der früheren Verträge, wie auch der mit anderen Staaten gegeben. Dazu kommt die verhältnismäßig kurze Dauer der Handelsverträge, die Möglichkeit ihrer Veränderung durch Ausdehnung mittels der Meistbegünstigungsklausel, ihrer Aufhebung durch Krieg, durch völlig veränderte politische Konstellation usw.

Bei der Redaktion eines Bündnisvertrages liegen all diese Dinge wesentlich anders. Es ist nicht der schwerwiegendste Umstand, daß ein solcher Bündnisvertrag auf eine längere Zeitdauer geschlossen werden muß, Eine (periodische) Revision sollte zweckmäßigerweise in jedem Bündnisvertrage ausdrücklich vorgesehen werden, läßt sich aber auch beim Fehlen einer derartigen Vertragsbestimmung zu jeder Zeit bei gutem Willen auf mittlerer Linie durchsetzen. Das wird die unausbleiblichen Fehler beim Abschlusse des Bündnisses einigermaßen ausgleichen, wenngleich der Erfolg nicht immer vorher zu garantieren ist. Von vielem anderen abgesehen, ist der wesentlichste Unterschied der, daß dem Bündnisvertrag die Tendenz innewohnt, sich mit der Zeit zu einer völligen Zollunion auszuweiten. Ob dies in absehbarer Zeit gelingen wird oder nicht, ist insofern gleich, als das Zustandekommen des Bündnisvertrages zur unerläßlichen Voraussetzung hat die bisherige Meistbegünstigungsklausel zumindest beträchtlich einzuschränken. Dadurch wird aber die Richtung und der Inhalt der gesamten zukünftigen Handelsbeziehungen der Welt wesentlich verändert und beeinflußt. Ob es durch den zu erhoffenden vollkommenen Sieg unserer Waffen gelingen wird, den feindlichen Mächten für die Zentralmächte günstige handelspolitische Friedensbedingungen aufzuzwingen, die das Fehlen des Kompensationsobjektes der Meistbegünstigung einigermaßen aufheben oder sogar in das Gegenteil verkehren, muß abgewartet werden. Vorsichtigerweise sollte man dieses Moment — wenigstens heute noch nicht — allzusehr in Rechnung setzen, und selbst wenn das Erhoffte in Erfüllung geht, muß man mit heftigen Widerständen der jetzigen Feinde rechnen und mit direkten oder indirekten Umgehungsversuchen, die nur schwer zu verhindern sind.

Es ergibt sich aus diesem wesentlichen Unterschied zwischen Handelsvertrag und Bündnisvertrag ohne weiteres die Lehre, daß die Grundlagen des letzteren — und zwar die politischen, militärischen und sonstigen nicht minder wie die wirtschaftlichen — für absehbare Zeit fest verankert werden müssen, wenn sie innerlich Bestand haben sollen. Und das ist naturgemäß bei zwei oder gar drei Staaten, die ihre völlige Selbständigkeit auch nach außen hin durchaus bewahren sollen und werden, unendlich viel schwerer, als bei einem Staatenbunde, wie etwa bei den Einzelstaaten im deutschen Reichsgebiete.

Die vorstehenden Erörterungen fanden wir bisher nur selten in der ungemein angeschwollenen Literatur über die Frage. Dennoch sollten sie erwähnt und erörtert werden. Wenn als Erfolg dieser Erwägungen weiter nichts verbleibt, als die Erkenntnis daß bisher die Vorbedingungen des Problems noch viel zu wenig geprüft wurden, daß die Frage bislang zu einseitig vom mehr gefühlsmäßigen, der augenblicklichen politischen Lage entsprechenden Standpunkte behandelt wurde, so ist vorläufig ihr Zweck erfüllt. Denn die großen Interessentenverbände Deutschlands, die Handels-, die Handwerks- und Landwirtschafts-Kammern, sowie der deutsche Handelstag, haben sich noch nicht — am wenigsten in gegenseitiger Diskussion — ausgelassen. Auch in Oesterreich-Ungarn kamen bisher verhältnismäßig erst wenige Interessenten und deren Organisationen zum Wort, und es fragt sich immerhin, ob deren Votum das endgültige und entscheidende ist.

Aber nur aus diesen vielseitigen Gutachten kann sich in dieser Frage nach sorgsamer Erwägung des entscheidenden Für und Wider ein Gesamtresultat ergeben, das Bestand hat und nicht etwa das Gegenteil der erhofften Wirkung zeitigt. Dazu ist aber vorerst kaum der Anfang gemacht worden — wenigstens auf deutscher Seite. Es fehlt eben die gewissermaßen kontradiktorische Auseinandersetzung des Standpunktes der verschiedenen Interessentengruppen. Es ist leicht, allgemein gehaltene Entschließungen zu fassen, allein, je tiefer man in die doch maßgebenden Einzelheiten des unendlich verwickelten Problems eindringt, desto höher türmen sich die Schwierigkeiten. Alle Konsequenzen eines solchen Wirtschaftsbündnisses, wie dieses auch immer gestaltet sein möge, werden auch bei einer noch so weit reichenden, mehr theoretischen Untersuchung vorher nicht genau geprüft werden können, sondern sich erst in der Folgezeit in praxi geltend machen. Denn eine ganze Reihe von Fragen entzieht sich, zumal, wenn man die noch unbekannten Nachwirkungen des Krieges auf Wirtschafts- und Handelspolitik in Rechnung stellt, völlig exakter objektiver Prüfung, und an ihre Stelle treten bloße Annahmen, die gefärbt sind durch allerlei Urteile und — Vorurteile, und beeinflußt werden durch politische, soziale, wirtschaftliche Theorien, denen die Votierenden anhängen. Es sei in dieser Beziehung nur ein Moment erwähnt, das vielleicht nicht einmal trotz seiner Wichtigkeit das ausschlaggebende ist: die Beurteilung der zukünftigen handelspolitischen Lage Deutschlands und Oesterreich-Ungarns gegenüber den mit uns im Kriege befindlichen Mächten. Hier weichen die Anschauungen aller kompetenten Votanten durchaus voneinander ab; kein Wunder, jede Seite kann unter Verhältnissen, die noch nie dagewesen sind und vielleicht nie mehr wiederkehren werden, ihre Meinung schlüssig „begründen"

Verantwortlichkeit der Vertragschließenden — Art der Ausführbarkeit.

Daß bei solchem Werke, dessen immense Bedeutung klar zu Tage liegt, die Verantwortlichkeit der leitenden Staatsmänner eine ungemein große ist, bedarf keiner Erwähnung. Die Hemmnisse dürfen sie aber nicht veranlassen, die Ausführung aufzugeben oder auch nur zu vertagen; mit den Schwierigkeiten sollte der Wille, sie zu überwinden, zugleich wachsen. Schließlich hat sich noch immer die alte Wahrheit des Wortes bewährt: „Wo ein Wille ist, da ist ein Weg". Allein die eigentlich selbstverständliche Wahrheit muß in unseren erregten Tagen dreifach hervorgehoben werden, daß es auch zeitraubender Erwägungen bedarf, um etwas wirklich Brauchbares zustande zu bringen, und um auch bescheidene Hoffnungen nicht grausam zu enttäuschen. Der Satz der Naturwissenschaften: Natura non fecit saltus" gilt auch im Staats- und Völkerleben. Es können bei der Unsicherheit der politischen Lage heutzutage nur bestenfalls gewisse große Richtlinien gegeben werden, durch die man sich schrittweise der Verwirklichung des Wirtschaftsbündnisses nähern kann. Es ist nur möglich, die unerläßlichen Vorbedingungen für das Bündnis anzugeben und tunlichst genau zu umschreiben; sodann, falls diese erfüllt sind, sich nach allseitiger Erwägung für eine der Formen zu entscheiden, unter denen die Einigung der Zentralmächte am zweckentsprechendsten erfolgen würde. Ein Anderes soll auch hier nicht versucht werden.

Begrenzung des Themas, Ausschaltung anderer „Bündnisse".

Bevor wir uns dieser Frage zuwenden, ist es geboten, anzugeben, was auf den folgenden Seiten behandelt werden soll, welche Gebiete nur gestreift, sonst aber außerhalb des Rahmens dieser Erörterung bleiben müssen. Denn der allgemeine Ausdruck „Wirtschaftsbündnis" wird vielfach dahin aufgefaßt, daß recht umfassende, aber auch recht entlegene Probleme darunter fallen. Soweit der Wechselwirkung zwischen allgemeiner staatlicher Politik und der Handels- und Wirtschaftspolitik eine grundlegende Bedeutung zukommt, muß die Neugestaltung des eigentlichen politischen Bündnisses und ihre Rückwirkung auf die auswärtige wie die innere Politik, vorzugsweise die Oesterreich-Ungarns wenigstens in ihren Umrissen hier besprochen werden, insbesondere die Frage der allgemeinen Einwirkung der Wirtschaftspolitik auf das gewichtige Problem der Stärkung des Deutschtums in der Donaumonarchie.

Daß die monetären Fragen und die der Finanz- und Steuerpolitik bei dem Wirtschaftsbündnis eine bedeutsame Rolle spielen, ist offensichtlich. Aber auch diese können bei dem Dunkel, das sich über ihre Zukunft breitet, nur auf Grund des bisherigen Standes und kurz berührt werden. Das Gleiche gilt von der Valutafrage. Wenn gelegentlich der Plan aufgetaucht ist, die Währung beider vertragschließenden Reiche auszugleichen bzw. zu vereinheitlichen, so muß an dieser Stelle auf die Schwierigkeiten bei der Durchführung dieses Projektes binnen absehbarer Zeit hingewiesen werden. In bezug auf die neuerdings mit Recht in den Vordergrund getretenen Vorschläge, die gesamte wirtschaftliche Gesetzgebung tunlichst einander anzupassen, wäre zu bemerken, daß die Ausführung dieser Vorschläge ein wesentliches Moment für das Wirtschaftsbündnis und noch weit darüber hinaus bedeuten müßte. Aber die Aussichten für das Gelingen dieses Projektes oder gar Einzelheiten sind hier nicht einmal andeutungsweise zu erörtern. Insbesondere trifft dies auf dem Gebiete der Sozialgesetzgebung zu, so offensichtlich deren Einfluß auf die Handelspolitik ist. Das alles sowie eine Reihe von Verwaltungsfragen und ferner das hochbedeutsame Problem einer Militärkonvention sind Aufgaben der nächsten Zukunft, die sogar das Wirtschaftsbündnis — je nachdem — enger oder weiter ausgestalten können und müssen, die ihren eigenen Schwerpunkt besitzen, aber zugleich mit dem Wirtschaftsbündnis oder auch ohne dieses in Angriff genommen werden sollten. Man sollte nur immerhin gegenüber einem gewissen Uebereifer in dieser Richtung bedenken, daß man mit der grandiosen Erweiterung dieser Projekte zugleich die Reibungsflächen auf beiden Seiten bei allzu radikalem Vorgehen vergrößern dürfte, was nicht ohne schädlichen Einfluß auch auf Gestalt und Bestand des Wirtschaftsbündnisses bleiben würde.

Dagegen ließe sich das hier allein zu behandelnde Problem einer sachgemäßen Erörterung weder unterziehen noch einer Lösung entgegenführen, wollte man gewisse Fragen der Verkehrspolitik im weitesten Wortsinne gänzlich ausscheiden. Ohne tiefgehende Abmachungen und Abänderungen der Tarifpolitik, der Richtungen und Bauprojekte für Eisenbahnen und Wasserstraßen ist schon ein bloßer Handelsvertrag von geringerer Wirkung, noch viel weniger aber ein Wirtschaftsbündnis. In dessen Bereich fallen ebenso zweifelsohne eine Reihe wichtiger Vereinbarungen über technische und verwaltungsrechtliche Maßnahmen, bei der Zollbehandlung insbesondere die Behandlung der Zollreklamationen. Auf diese bisher noch viel zu wenig gewürdigten, mitunter recht schwierigen Fragen muß hier daher auch eingegangen werden.

Grundbedingungen für das Wirtschaftsbündnis:

a) Der österreichisch-ungarische Ausgleich.

Es lassen sich einige Fragen herausheben und als unerläßliche Vorbedingungen für das Zustandekommen dieses Wirtschaftsbündnisses bezeichnen. Dazu gehört vor allem ein neuer Zollvertrag zwischen Oesterreich und Ungarn, der an die Stelle des bisherigen treten müßte. Dieser sollte unbedingt längere Dauer als die jetzt festgesetzte zehnjährige besitzen. Zweckentsprechend wäre es auch, wenn er auf weitere Materien, als bisher, sich erstrecken würde. Diese Forderung bedarf keiner Begründung. Zweifelsohne beruht darauf das ganze Fundament des Wirtschaftsbündnisses, das beim Fehlen jener Vereinbarung steter Erschütterung ausgesetzt wäre. Die Vertragsdauer für Oesterreich u. Ungarn müßte eine mindestens ebensolange, besser eine längere sein, als die des Wirtschaftsbündnisses zwischen Deutschland und Oesterreich-Ungarn. Auch das dürfte einleuchtend sein und unbestritten bleiben. Wenn wir uns ferner auf den Wunsch beschränken, daß der Vertrag zwischen den Ländern der Doppelmonarchie weiter ausgreifen möchte als bisher, nähere Formulierung in dieser Richtung aber unterlassen, so geschieht das, weil die Erfüllung dieses Wunsches nicht conditio sine qua non des Wirtschaftsbündnisses ist. Dagegen ist es selbstverständlich, daß das zukünftige Abkommen beider Teile der Union sich dem zukünftigen größeren Bündnisse eng anschließen muß und diesem nicht etwa Hemmnisse in den Weg legen darf.

b) Gemeinsames Zolltarifschema.

Ist dieser Ausgleich mehr staatsrechtlicher und finanzpolitischer Art, so ist eine weitere unerläßliche Vorbedingung für das Zustandekommen des Wirtschaftsbündnisses zolltechnischer Art. Für ein gemeinsames, im Wesen gleiches Zolltarifschema, nicht bloß zwischen den verbündeten Reichen Mitteleuropas, ist bereits vor Kriegsausbruch mancherlei geredet, geschrieben und auch gewirkt worden[1]), leider bisher trotz der ohne weiteres einleuchtenden, ungemein großen Vorteile ohne greifbaren Erfolg. Es ist aber klar, daß die Schaffung eines gemeinsamen Zolltarifschemas für den gesamten internationalen Verkehr ungemein große Vorteile zugunsten aller Beteiligten zeitigen, viele Hemmnisse, Unklarheiten und unnütze Streitigkeiten beseitigen müßte. Allerdings könnte dem der Wunsch mancher Staaten, z. B. Rußlands im Wege stehen, mittels zweideutiger, allzu weitgehender Spezialisierung der Warenbenennung eine willkürliche Auslegung bei der Zolldeklarierung bewußt zu fördern. Diesem Bestreben, das nur Repressalien zeitigt, mancherlei andere Mißstände (z. B. erhebliche Vorteile von Mittelpersonen und Beamten) hervorruft und schließlich doch das eigene Land schädigt, sollte energisch entgegen gewirkt werden. Die Unübersichtlichkeit der Positionen,

[1]) Vgl. C. A. v. Martius, Über die Schaffung eines einheitlichen internationalen Zolltarif-Schemas. Vortrag gehalten auf dem 7. internationalen Kongreß für angewandte Chemie zu London 2. Juni 1908.

ihre schwierige Vergleichbarkeit ist teilweise bedingt durch die vielfach ungenaue Uebersetzung der technischen Benennung der verschiedenen Waren; sie ließe sich jedoch unschwer vermeiden. Namentlich würde eine gemeinsam durchgeführte Gruppierung den Sammelbegriff der „anderen nicht namentlich angeführten Erzeugnisse", wenn nicht beseitigen, doch wesentlich einengen und willkürliche oder stark abweichende Auslegungen bei der Zollabfertigung hintanhalten. Die Orientierung wäre leichter und von Irrtümern frei, die heute zum Schaden des internationalen Güteraustausches vielfach trotz aller dankenswerten Gegenmaßnahmen doch unterlaufen. Der Abschluß von Handelsverträgen würde dadurch wesentlich erleichtert und eine gleichmäßige übereinstimmende Statistik des auswärtigen Warenverkehrs erst ermöglicht. Es ist schwer verständlich, aus welchem Grunde bisher dieser Schritt nicht erfolgt ist. Selbst bei einem vertragslosen Zustande — ja gerade bei diesem — ist sein Vorteil ein augenfälliger. Durch den Vertrag, der die Aufstellung dieses internationalen Zolltarifschemas regelt, brauchte nicht einmal auf etwaige Sonderwünsche eines Staates zwecks größerer Spezialisierung einer Warengattung ein für allemal verzichtet zu werden. Dem ließe sich durch Regeln innerhalb der Gruppen entsprechen. Noch weniger wäre dadurch etwa die Rubrizierung neu auftauchender Waren ausgeschlossen. Das wäre Aufgabe einer periodischen Revision des Schemas durch eine gemischte technische Kommission.

Ist somit das Fehlen eines gleichmäßigen Zolltarifschemas bereits ein tief empfundener Mangel im Güteraustausch überhaupt, so bedarf es keiner weiteren Darlegung, daß jede Form des projektierten Wirtschaftsbündnisses eines solchen noch viel dringender benötigt. Selbst wenn dieses nicht zustande kommen sollte oder aufgeschoben würde, müßte ein solches Zolltarifschema gefordert werden. Dem Vernehmen nach wird dies auch in den beteiligten Kreisen durchaus eingesehen. Man gedenkt in Oesterreich-Ungarn das neuere, reicher gegliederte und streng systematisch angelegte deutsche Zolltarifschema anzunehmen — vorbehaltlich einiger Abänderungen und größerer Spezialisierung, über die sich wohl unschwer eine Vereinbarung mit den deutschen Behörden herstellen ließe. Damit wäre allein schon ein zwar unscheinbarer, aber bedeutsamer Schritt vorwärts getan, nicht bloß zur Belebung des deutsch-österreichisch-ungarischen Warenaustausches, sondern zugunsten des gesamten Weltverkehrs, da dieses Beispiel mit der Zeit Nachfolge erwecken müßte.

Es sei bemerkt, daß allerdings die Umwandlung des Zolltarifschemas eine gewisse Uebergangszeit bei seiner Anwendung bedingt, schon wegen der Umgruppierung bei der Zollbehandlung. Indessen ist diese Schwierigkeit leicht zu überwinden und kann keine große Rolle spielen angesichts der sehr beträchtlichen Vorzüge des gemeinsamen Schemas, die bald hervortreten dürften.

c) Gemeinsame oder gleichzeitige Handelsvertragsverhandlungen mit anderen Staaten.

Vielfach ist in den bisherigen Erörterungen über das Wirtschaftsbündnis als dessen unerläßliche Bedingung hingestellt worden, daß die Handelsvertragsverhandlungen mit anderen Staaten entweder gemeinsam von beiden verbündeten Mächten geführt oder nur in gegenseitigem Einvernehmen abgeschlossen und die Konventionaltarife im gleichen Zeitpunkte in Kraft treten sollten. Diese Forderungen sind nicht ganz ohne Widerstand geblieben und greifen auch in der Tat der eigentlichen Kernfrage des Problems, der Frage nach der Form des Wirtschaftsbündnisses, vor. Je nach der engeren oder loseren Art des Bundes wird die Entscheidung verschieden ausfallen. Bei der vollkommenen Zollunion ist die gemeinsame Beratung und Beschlußfassung wie die gleichzeitige Inkraftsetzung der Handelsverträge von selbst gegeben. Ebenso bei einem Bündnis mit gemeinsamem Außentarif und Zwischenzöllen. Aber auch bei den anderen loseren Formen des Bündnisses ist doch wenigstens die Absicht vorauszusetzen, in einem späteren Zeitpunkte zu einer

Zollunion zu gelangen. Diese Absicht bedingt zumindest eine enga Fühlungnahme während der Verhandlungen und eine Verständigung über das Maß der beiderseitigen Zugeständnisse an die fremden Nationen. Immerhin ist diese Forderung leichter ausgesprochen als verwirklicht. Wie wir später noch des näheren sehen werden, sind die Interessen der einzelnen verbündeten Reiche dritten gegenüber vielfach durchaus verschiedene, ja entgegengesetzte. Nur für einzelne Warengattungen sind sie ungefähr die gleichen in beiden Reichen, für eine Anzahl sind sie ohne Bedeutung für den einen oder den anderen Staat oder auch für beide, doch treten dann nicht selten finanzpolitische Erwägungen in den Vordergrund. Allein für eine ganze Reihe wichtiger Zollpositionen, die in solchen Handelsverträgen eine bedeutsame Rolle spielen, ja ausschlaggebend für ihr Zustandekommen und ihre Ausgestaltung sein können, weichen die deutschen Interessen von denen der Donaustaaten von einander ab, und ihr Ausgleich, der auf mittlerer Linie theoretisch ja immer denkbar ist, aber kaum das Zusammengehörigkeitsgefühl der beiderseitigen Interessentengruppen stärken dürfte, erschwert sich bei jedem neuen Fortschritt, den das System der Handelsverträge und damit die Zugeständnisse machen. Unleugbar wird diese Schwierigkeit immer vorhanden sein, auch bei jedem einfachen Handelsvertrage; allein sofern der Standpunkt der Interessenten über die Schädlichkeit oder das Ausmaß einer Tarifkonzession von der betreffenden Regierung ihres eigenen Landes geteilt und vertreten wird, ist der Hemmnisse kein Ende abzusehen.

Dazu kommt, daß die auswärtigen Staaten ein sehr verschiedenes Interesse besitzen können, mit dem einen, aber nicht mit dem anderen verbündeten Staate Handelsverträge abzuschließen. Soll um deswillen der einzelne Staat den sonst ihm günstig scheinenden Abschluß versagen oder verschieben? Das kann ihm doch nicht zugemutet werden. Um nicht mißverstanden zu werden, sei hervorgehoben, daß die strengste Loyalität seitens der Bevollmächtigten beider Verbündeten bei den betreffenden Verhandlungen mit fremden Staaten durchaus vorausgesetzt wird. Denn an Anerbieten der Vorzugsbehandlung seitens dritter Reiche wird es nicht fehlen. Dem muß unbedingt nicht nur durch die vertragsmäßige Bindung der strikten Meistbegünstigung — auf seiten der fremden Reiche —, sondern auch durch das Verhalten der Staaten untereinander selbst jeder Boden entzogen werden, wodurch auch eine Quelle etwaigen Mißtrauens beseitigt wird. Was leider aber nicht ausschließt, daß solches Mißtrauen dennoch entstehen und genährt werden kann. Das ist eben die Schwierigkeit bei Interessenfragen, daß hier wahre Objektivität noch unendlich viel schwerer ist, als in allen anderen menschlichen Dingen. Henry George sagte einmal zutreffend: „Wenn es in jemandes Interesse läge, die Anziehungskraft der Erde zu leugnen, würden bald viele derartige Behauptungen sich geltend machen."

Am leichtesten ließe sich technisch die Forderung erfüllen, daß die Handelsvertragsverhandlungen mit dritten Staaten zwar nicht gemeinsam, aber doch gleichzeitig geführt und abgeschlossen werden sollten. Daß dieses Verfahren das Zustandekommen von Verträgen erschweren kann, wie oben bereits angedeutet wurde, spricht noch nicht gegen seine Durchführbarkeit, die vertraglich festgelegt werden müßte. Schließlich ist dies schon um deswillen notwendig, weil sonst das Ziel der vollkommenen Zollunion der verbündeten Reiche, das, wenngleich es vorerst wohl nicht sofort völlig erreicht werden kann, doch immer im Auge behalten werden muß, nur schwer, wenn überhaupt, gegen alle entgegenstehenden Hemmnisse sicherzustellen ist. Nehmen wir einmal an, Deutschland habe jetzt z. B. mit den Vereinigten Staaten einen 12 Jahre laufenden Handelsvertrag geschlossen, Oesterreich-Ungarn aber nicht und wäre erst später dazu willens oder in der Lage, dann wäre die Vertragsdauer für die Donaumonarchie zu kurz, um beiderseitig günstige Wirkungen zu zeitigen, falls die Gefahr der Kündigung und Neuorientierung besteht. Es ist denkbar, daß Großbritannien etwa nach Verwirklichung des Imperialismus vor der Hand grundsätzlich jeden Handelsvertrag mit dem Deutschen Reiche ablehnt, dagegen bereit ist, mit

Oesterreich-Ungarn abzuschließen. Das wäre natürlich um so weniger angängig, als dadurch der eine verbündete Staat auf Kosten des anderen gewinnen könnte. Gewiß ist derlei für die nächste Zeit kaum zu besorgen, allein die politische und mit ihr die handelspolitische Konstellation ist stets unvorhergesehenen und grundlegenden Veränderungen unterworfen. Die Gegner, die sich vor 50 Jahren auf den Schlachtfeldern gegenüberstanden, fechten heute Schulter an Schulter. Gerade um deswillen sind starke wirtschaftliche Bande und feste Vertragsabmachungen nötig, um dergleichen Wechselfällen nach Möglichkeit zu begegnen. Wir müssen es also als unerläßliche Vorbedingung für das Zustandekommen des Wirtschaftsbündnisses bezeichnen, daß die Vertragsverhandlungen mit anderen Reichen gleichzeitig geführt werden und über die Zugeständnisse seitens der verbündeten Staaten vor ihrem Abschlusse ein Einvernehmen erzielt wird. Dies ist — ungleiche Außentarife vorausgesetzt — schon darum erforderlich, weil anderenfalls die Behandlung der Durchfuhr aus dritten Staaten Schwierigkeiten machen würde. Alle Sicherungsmaßnahmen (Ursprungszeugnisse usw.) werden kaum verhindern können, daß etwa nach Oesterreich-Ungarn bestimmte ausländische Waren über deutsche Grenzen eingeführt werden, falls der deutsche Zolltarif günstiger ist. Und ebenso umgekehrt. Die Zwischenzölle schaffen dagegen um so weniger volle Abhilfe, als sie ja ihrem Zweck gemäß beschränkt und zum allmählichen Abbau bestimmt sein sollen. Die Zwischenzölle erhöhen oder vermehren, hieße aber das ganze große und wichtige Werk des Wirtschaftsbündnisses gefährden und in seinen Grundfesten erschüttern.

Wir haben oben bereits ausgeführt, daß die Durchführung des gleichzeitigen Abschlusses und Inkrafttretens der Handelsverträge mit dritten Mächten, nicht ohne Bedenken und recht schwierig ist und den Verbündeten schwere Opfer auferlegen kann. Sie wird weiter erschwert durch die gar zu große Verschiedenheit der Entwicklung beider Reiche in Landwirtschaft, Industrie und Handel und die Unterschiede in den klimatisch-geographischen, wie politischen, sozialen und kulturellen Momenten, von denen in letzter Instanz doch die Ausgestaltung der Volkswirtschaft weitaus mehr abhängt, als von der Höhe der Zollsätze. Es läßt sich dies in dem prägnanten, zwar schlagwortartigen, aber doch im Kern zutreffenden Satze Friedrich Naumanns[2]) ausdrücken, daß Oesterreich landwirtschaftlich heute so steht, wie Deutschland vor 20 und Ungarn so wie Deutschland vor 40 Jahren.

Dasselbe gilt vom Gewerbe. Es bedarf kaum irgendwelcher zahlenmäßiger Anhaltspunkte, um diesen erheblichen Unterschied zu belegen; nur Einiges sei hier angeführt.

Die Gesamtausfuhr Deutschlands betrug vor Kriegsausbruch mehr als das Vierfache der österreichisch-ungarischen (1913: 10 096 Millionen M. gegen 2769 Mill. Kr.). Bei der Gesamteinfuhr beider Staaten war der Unterschied nicht minder groß (1913: 10 770 Mill. M. gegen 3406 Mill. Kr.). Daß Deutschland im Jahre 1913: 61 404 km Eisenbahnen besaß, Oesterreich-Ungarn ein Jahr vorher aber nur 44 434 km, daß Deutschland an Bergbauerzeugnissen vor dem Kriege 2086 Millionen M. Wert schuf, Oesterreich-Ungarn aber nur 446 Millionen M., ist ein hochwichtiger Umstand. Anstatt diese von keiner Seite bestrittene wirtschaftliche Unterlegenheit weiter auszumalen, sei noch ein anderer bedeutsamer Unterschied hier angeführt, die Ziffer der Analphabeten. Diese belief sich in Deutschland auf 0,5 pro Mille, in Oesterreich (1900) aber auf 336, in Ungarn (1910) auf 437, in Bosnien sogar auf 878. Naumann (a. a. O. S. 272) tröstet sich damit, daß nach Einführung des Schulzwanges die Donaumonarchie bald die Analphabeten beseitigen werde. Das ist aber, wenigstens in dem erwünschten Tempo, keineswegs sicher und dieser Umstand ist von hoher Bedeutung für die Güte der Arbeit, die hier aufblühen soll.

Wenn aus diesen allbekannten Tatsachen aber der Schluß abgeleitet würde, daß Deutschland als wirtschaftlich weitaus

---

[2]) Naumann: „Mitteleuropa", Berlin 1915, S. 125.

stärkerer Teil des zukünftigen Bündnisses um so leichter dem Gedanken des Wirtschaftsbündnisses anhängen dürfe, so ist diese Meinung unzutreffend, denn wir haben aus der nämlichen Ursache viel mehr dabei zu riskieren. Die deutsche Ausfuhr nach Oesterreich-Ungarn betrug 1913 nur 10,9% der Gesamtausfuhr, während die Einfuhr von dorther sich gar nur auf 7,7 % der Gesamteinfuhr belief. Umgekehrt liegen die Verhältnisse für die Donaumonarchie. Hier steht der Verkehr mit dem Deutschen Reiche an erster Stelle. Die österreichisch-ungarische Ausfuhr nach dem Deutschen Reiche belief sich 1912 auf 40,8% der Gesamtausfuhr und die Einfuhr von dort auf 39,8 % der Gesamteinfuhr. Dieses Verhältnis ändert sich auch nur in geringem Maße, wenn man die Balkanländer mit in Betracht zieht, auf deren Anschluß an das Wirtschaftsbündnis in einem späteren Stadium vielfach gerechnet wird. Nicht weniger als rund 87 % unserer bisherigen Ausfuhr ging nach anderen Gebieten als nach „Mitteleuropa", während Oesterreich-Ungarn nur mit 53,5 % seiner Ausfuhr an diesem Export beteiligt war. Auch wenn man die durch den Krieg eintretenden Verkehrs-Veränderungen noch so hoch veranschlagt, wird ein Defizit vorhanden sein, das durch Ausfuhr nach dritten, zumeist feindlichen Reichen gedeckt werden muß. Dies um so mehr, als die Steigerungsfähigkeit des Güteraustausches zwischen den Verbündeten — selbst mit Einrechnung der Balkanstaaten — gewisse beschränkte Grenzen besitzt. Auf diesen ausschlaggebenden Punkt kommen wir unten zurück.

Fassen wir die vorstehenden Erörterungen zusammen, so ergibt sich, daß die Frage des gemeinsamen Abschlusses von Handelsverträgen mit dritten Staaten eine vom wirtschaftspolitischen Gesichtspunkte keineswegs leicht zu lösende ist. Noch schwieriger ist ihre staatsrechtliche Lösung. Man unterschätzt anscheinend vielfach die Hemmnisse. Mag sein, daß im Augenblick das Gefühl der Zusammengehörigkeit ein so starkes ist, daß es alle entgegenstehenden Bedenken überwindet. Es kann auch zutreffen, was Naumann ausführt, daß gleichsam nur der „erste

Schritt Mühe macht", daß nach ihm das Bündnis gewissermaßen automatisch sich auswachsen und geeignete staatsrechtliche Normen und Formen finden und ausgestalten wird. Allein das ist doch eine bloße Annahme, auch die gegenseitige Wirkung kann eintreten.

Aber auch ganz abgesehen von staatsrechtlichen Schwierigkeiten dürfte die Herbeiführung einer Uebereinstimmung zwischen drei Regierungen und drei Parlamenten beim Abschluß wie bei periodischen Revisionen des Bündnisvertrages nicht leicht fallen. Die Entscheidung darüber fällt nicht nach vorgefaßten Anschauungen; sie ist eine Tatfrage, sie wird bedingt durch das Maß des gegenseitigen Entgegenkommens und beeinflußt durch die gewählte engere oder losere Form des Vertrages, wobei auch noch sonst vielerlei nichtwirtschaftliche, vor allem politische Momente mitsprechen. Diese Entscheidung wird für die leitenden Staatsmänner wie für die öffentliche Meinung eine ganz außerordentliche schwere und verantwortungsvolle sein.

Annäherung in verkehrspolitischer Beziehung.

Eine grundsätzliche Vorbedingung für das Gelingen des Wirtschaftsbündnisses muß besonders hervorgehoben werden. Der Einfluß der Zölle auf den Warenaustausch wird mitunter überschätzt. Es ist bekannt, daß durch tarifarische Maßnahmen auf dem Gebiet der Eisenbahn- und Wasserstraßentarife die Wirkung noch so hoher Zölle stark gemindert, sogar fast aufgehoben werden kann. Die bestehenden Handelsverträge enthalten in dieser Richtung neuerdings zumeist Bestimmungen, wodurch dem entgegengewirkt werden soll. Das gelingt mit mehr oder weniger Glück. Jedenfalls aber gilt es in einem Bündnisvertrage diese Wirkung zu stärken und im einzelnen vertraglich zu regeln, soweit dies irgend angängig ist. Das ist keine leichte Aufgabe, zumal sich in Oesterreich-Ungarn ein immerhin noch nicht unerheblicher Teil der Eisenbahnen im Privatbesitz befindet. 1913: Oesterreich: 4095 von insgesamt 22 879 km, Ungarn: 3364 gegen 8138 Staatsbahnen und 9933 km Privatbahnen im Staatsbetrieb, dagegen Deutschland nur 3546 von insgesamt 61 404 km. Wenngleich die Staatsgesetze sich eine gewisse Einwirkung auf die Tarife der Privatbahnen vorbehalten und diese durch Spezialgesetze noch erhöht werden kann, so ist ein solcher Einfluß doch nur bedingt, langsam und nicht ohne Reibungswiderstände möglich.

Der Ausbau des zukünftigen Eisenbahnnetzes müßte tunlichst unter Berücksichtigung der Interessen der verbündeten Staaten erfolgen. Hierbei müssen Konkurrenz-Linien möglichst vermieden werden. Noch wichtiger ist der Ausgleich der Ausfuhr- und Durchfuhrtarife, sowie der Land- und See- bzw. Wassertarife. Hier stehen sich allerdings recht entgegengesetzte Interessen gegenüber. Die Interessen der deutschen See-, insbesondere der Nordseehäfen sind wesentlich andere wie die von Triest und Fiume, und wie die der Häfen der Balkanstaaten. Es wird schwer sein, hier eine mittlere Linie zu finden und bei den minder bevorzugten Konkurrenten das Gefühl der Benachteiligung zu vermeiden. Insbesondere scheint dies für den Verkehr mit den Balkanländern bedeutsam. Hier sind die Unterschiede zwischen der Seefracht (ab Hamburg, Triest) und der Fracht auf der Donau durch das Eiserne Tor beträchtliche, und zwar zu ungunsten der letzteren. So berechnet Dr. Rottmann[3]), daß eine Metertonne durch das Eiserne Tor 2,28 Lei (= 81 Pfennige), dagegen auf dem Seewege nur 0,39 bis 0,67 Bani (= $^1/_{100}$ Lei) kostet. Güter, die von Westfalen über Hamburg, Gibraltar nach Konstantinopel verfrachtet werden, kosten an Transportkosten nur 5,18 M. die Metertonne, dagegen auf dem Donauwege etwa 14 M. Hier muß tunlichst ein Ausgleich geschaffen werden, zunächst dadurch, daß die Fahrrinne der Donau verbessert wird, dann aber, um die zu hohen Schiffahrtsabgaben, die Ungarn erhebt, zu ermäßigen, durch angemessene Beiträge Oesterreichs, wie des Deutschen Reichs, die

³) Zur Frage einer Wirtschaftsgemeinschaft zwischen Mitteleuropa und Rumänien. Schriften des Vereins für Sozialpolitik, Leipzig und München 1916, S. 494 ff.

auf dem Wege von Ausnahmetarifen erstellt werden können. Ein derartiges System gegenseitiger Begünstigung der verbündeten Staaten durch Ausnahmetarife wäre natürlich auch noch erweiterungsfähig. Es könnte nicht ohne weiteres, jedenfalls nicht ohne Gegenkonzessionen, anderen Mächten bei Schließung von Handelsverträgen eingeräumt werden. Allerdings liegt dabei die Gefahr von Repressalien der fremden Staaten vor, allein insoweit es nicht möglich ist, sich dagegen vertraglich zu sichern, ist doch zu bedenken, daß die Staaten, mit denen wir Handelsverträge schließen, nur in sehr verschiedenem Maße an dem Mitgenuß dieser Ausnahmetarife interessiert sind, wie dies auch bezüglich unserer Ausfuhr dahin der Fall ist.

Daß eine Reihe praktischer Vorschläge über den Abschluß von Uebereinkommen zur Verbesserung des deutsch-österreichisch-ungarischen Eisenbahnverkehrs (auch von Personen und Gepäck) möglich ist, hat namentlich von der Leyen[4]) eingehend dargelegt.

Das Gleiche gilt selbstverständlich auch von dem Verkehr auf den Strömen und künstlichen Wasserstraßen. Ein Ausbau des Wasserstraßennetzes nach vereinbarten Gesichtspunkten und eine gemeinsam durchgeführte Tarifpolitik und Abgabenerhebung wäre erwünscht.

Indessen ist zu beachten, daß diese wie auch die weitergehenden Forderungen einer gemeinschaftlichen Verwaltungsorganisation für alle Verkehrswege, sodann die Frage der Annäherung des gesamten Wirtschaftsrechtes, namentlich des Handels- und Wechselrechtes, der sozialen Gesetzgebung, ferner die schwierigen Probleme der Währung und Valuta, wenn überhaupt, jedenfalls nur nach langen, mühevollen Vorarbeiten gelöst werden können. Sie müssen somit aus dem Bereich der Frage des mit tunlichster Eile abzuschließenden Wirtschaftsbündnisses eigentlich ausscheiden. Wird nicht etwa beabsichtigt, durch Inangriffnahme

---

[4]) Die Verkehrsbeziehungen zwischen dem Deutschen Reich, Oesterreich und Ungarn. Schriften des Verf. f. Soz.-Pol. 155 Bd. passim.

dieser weitausschauenden Pläne die Ablehnung des Bündnisses gewissermaßen zu verbrämen, so ist nicht recht einzusehen, was ihre Aufwerfung eigentlich bezwecken soll. Diese Aufgaben mit allen nur denkbaren Mitteln zu fördern, ist sicherlich ein verdienstvolles Werk, das unbedingt bald in Angriff genommen werden sollte, jedoch können sie unmöglich ein Wirtschaftsbündnis ersetzen. Das bedarf keines Beweises. Ergibt sich, daß der Bündnisvertrag allzu große Schwierigkeiten macht und man sich daher mit einem einfachen Handelsvertrage — wenn auch mit gewisser Bevorzugung — zwischen den verbündeten Reichen begnügen muß, so könnte allerdings diese Art von legislativer Annäherung später auch zu einem engeren Zollbündnis führen. Es wäre dies sogar wahrscheinlich, wenn auch nicht sicher.

Zollzahlung und Valutaregulierung.

Daß eine vertragliche Regelung der Zollzahlung und gegenseitige Stützung der Valuta eine Vorbedingung für das Gelingen des Wirtschaftsbündnisses ist, ist anscheinend bisher entweder ganz übersehen oder zu gering veranschlagt. Die Ungleichheiten der Vorschriften über die Zollzahlung in beiden Reichen werden sich allerdings nach dem Kriege voraussichtlich einfach dadurch ausgleichen, daß Deutschland dem Beispiele Oesterreich-Ungarns folgt und allgemein Zahlung der Zölle in Gold vorschreibt, um das Disagio zu verbessern. Das Wertverhältnis beider Währungen muß, wie jetzt, periodisch auf dem Verordnungswege zwischen beiden Verwaltungen geregelt werden. Darüber hinaus aber erwächst dem Deutschen Reiche, als dem wirtschaftlich stärkeren Teile, die Verpflichtung, die österreichische Valuta durch geeignete Maßnahmen zu stützen und vor allzu großen Veränderungen und Erschütterungen zu bewahren [5]). Die Forderung von K. Diehl, daß die österreichisch-ungarische Bank gesetzlich zur Barein-

[5]) G. F. Knapp, Die Währungsfrage bei einem deutsch-österreichischen Zollverein. Schr. d. V. f. Soz.-Pol. Bd. 155, Leipzig und München 1916, vgl. die dort S. 188 angegebene Literatur.
Vgl. z. B. Spielhoff a. a. O. S. 56 ff.

lösung ihrer Noten verpflichtet würde, ist, wie Knapp zutreffend hervorhebt, einfach unausführbar. Immerhin lassen sich Maßnahmen zur Stützung der Valuta treffen. Sie erfordert zweifellos gewisse Opfer, besonders von deutscher Seite. Die gewichtige Frage ist nicht näher zu erörtern, schon darum, weil die Disparität der Wechselkurse aus naheliegenden Gründen heute noch nicht frei besprochen werden kann. Aber so viel darf gesagt werden, daß auch dieses Hemmnis für das Wirtschaftsbündnis von geradezu entscheidender Bedeutung ist, daß die Währungs-Probleme unbedingt irgendwie gelöst werden müssen, bevor man an die Einzelheiten des Bündnisses selbst herantritt, und daß der Vorschlag, durch Annahme der deutschen Währung in Oesterreich-Ungarn diesen gordischen Knoten zu durchhauen, wohl für absehbare Zeit indiskutabel ist.

Andere Bedingungen.

Es werden noch mancherlei andersartige Vorbedingungen für das Zustandekommen des Wirtschaftsbündnisses genannt. Es mögen angeführt werden, ohne den Kreis dieser Frage zu erschöpfen: Die Bedeutung der Zölle für die Finanzen (worauf kurz unten zurückzukommen ist), die Vorzugsbehandlung in Kolonien und Schutzgebieten, Erlaß von Ein- und Durchfuhrverboten, gleichmäßiges Verfahren bei Beschlagnahmen und bei Erteilung von Monopolen an gewisse Gesellschaften, Regelung der Veterinärvorschriften und vieles andere mehr.

So wichtig diese Fragen sind, so sehr sie im Einzelfalle von Einfluß auf das gegenseitige Verhältnis der verbündeten Reiche sein können — sie sind keine unerläßlichen Vorbedingungen des Wirtschaftsbündnisses und auch ohne ein solches zu lösen.

Zur Geschichte des Wirtschaftsbündnisses.

Es hat ein gewisses Aufsehen erregt, als Philippovich[6]) darauf aufmerksam machte, daß schon vor langen Jahren der

---

[6]) Ein Wirtschafts- und Zollverband zwischen Oesterreich-Ungarn, Leipzig 1914.

größte österreichische Finanzminister Bruck den Gedanken eines deutsch-österreichischen Wirtschaftsbündnisses befürwortete. Noch seltsamer ist es, daß die Tatsache heute fast unbekannt ist, daß die damals zur Beurteilung derartiger Fragen in erster Reihe berufene und sachverständige freie Vereinigung, der Kongreß deutscher Volkswirte[7]), sich sogar wiederholt eingehend mit dieser Frage beschäftigt hat. An diesen Verhandlungen nahmen auch bekannte österreichische Volkswirte und Vertreter von Interessentengruppen regen Anteil. Es handelte sich dabei allerdings mehr um einen Vorstoß der österreichischen Freihändler, die von dem Abschluß eines Bündnisses oder eines Handelsvertrages mit Vorzugszöllen eine Förderung ihrer handelspolitischen Anschauung erhofften und erwarteten. Dagegen waren die norddeutschen Freihändler, welche auf diesen Kongressen über die große Mehrheit verfügten, gerade entgegengesetzter Meinung; sie befürchteten die Verewigung hoher Schutzzölle durch einen derartigen Vertrag und lehnten daher jede noch so zahme Entschließung in dieser Richtung durchaus ab. Wenngleich ein Teil der damaligen Streitpunkte heute gegenstandslos ist und ein anderer Teil heute nicht mehr so im Vordergrunde des Interesses steht, so wurden doch in den Hauptpunkten der damaligen Debatten bereits von sachkundigen Praktikern fast genau dieselben Gründe für und wider die wirtschaftliche Annäherung angeführt, die jetzt zur Erörterung stehen.

Wenn in den letzten Jahren diese Erörterung in der Aera der Handelsverträge weniger in den Vordergrund getreten ist, weil die Frage der zukünftigen Handelspolitik keine zu brennende mehr war, so haben die Diskussionen doch niemals aufgehört. Unter der Aegide der „Wirtschaftsvereine" steckten sie sich allerdings mitunter weitere Ziele und gelangten vom „Mitteleuropäischen Bund" bis zu den „Vereinigten Staaten von Europa", welche der „Amerikanischen Gefahr" die Spitze bieten sollten. Der Ausbruch des Weltkrieges begrub für absehbare Zeit diese hochfliegenden Hoffnungen. Aber zugleich

---

[7]) Vgl. Berichte über die Verhandlungen des Kongresses deutscher Volkswirte (Posen 1878, Berlin 1880, Nürnberg 1885).

begünstigte er die Agitation für ein engeres Wirtschaftsbündnis zunächst zwischen Deutschland und Oesterreich-Ungarn, dem später angrenzende neutrale Mächte, sowie namentlich die Balkanstaaten, angegliedert werden sollten.

Das Verhältnis zwischen Politik und Handelspolitik.

Wenngleich die Erörterung allgemeinpolitischer Fragen nicht der eigentliche Zweck dieser Arbeit ist, läßt sich doch eine kurze Auseinandersetzung über die Wechselwirkung zwischen allgemeiner und Wirtschafts- und Handels-Politik nicht ganz vermeiden. Ihr enger Zusammenhang ist ebenso augenscheinlich, wie die Wichtigkeit dieser Probleme. Daß die Wirtschaftspolitik nicht völlig isoliert betrachtet werden kann, so sehr dies oft versucht wird, daß andererseits die hohe Politik schließlich den Ausschlag für die Entscheidung geben muß, nehmen wir an; es ist aber ohne weiteres zuzugeben, daß die Wirtschaftspolitik nicht bloß in früheren Zeiten einen starken Einfluß auf das politische Verhalten der Staaten ausübte, sondern daß dieser Einfluß seither noch gewachsen ist, wie gerade dieser Weltkrieg beweist (handelspolitische Spannung zwischen Oesterreich-Ungarn und Serbien, zwischen Deutschland und Großbritannien).

Fürst Bismarck hat bekanntlich nicht nur in wiederholten, scharf zugespitzten Wendungen das Projekt des deutsch-österreichisch ungarischen Zollbündnisses zurückgewiesen, sondern überhaupt grundsätzlich bestritten, daß politisches Einvernehmen zugleich ein wirtschaftliches bedinge. Ueber diese Auffassung ist ein noch nicht ausgetragener Meinungsstreit im Gange. Man kann theoretische Gründe wie historische Erfahrungen für die Bismarcksche, wie für die gegenteilige Anschauungsweise anführen. Es genügt für unseren Zweck, hier darauf hinzuweisen, daß die lebhafte Stellungnahme Bismarcks gegen das Wirtschaftsbündnis in erster Reihe durch die damalige politische Konstellation diktiert wurde, und daß man ihm, dem großen Empiriker, sicherlich sehr unrecht tun würde, daraus eine absolute Opposition unter dem Druck der heutigen Gesamtlage herzuleiten. Weiter ist festzustellen, daß die handelspolitischen Momente in einer wohl noch nie dagewesenen Wende der Weltgeschichte denn doch eine ganz andere, unendlich viel größere Bedeutung beanspruchen müssen, als in den Kämpfen um die Vorherrschaft in Deutschland oder gegen Frankreich.

Stärkung des Deutschtums in Oesterreich.

Es kommen dabei hauptsächlich zwei Probleme in Betracht, die Stärkung des Deutschtums im Donaustaate und die politische Verknüpfung beider Staaten, besonders in der Balkanpolitik; beide schließen auch soziale und handelspolitische Fragen in sich. Es braucht nicht besonders betont zu werden, daß der begeisterte Widerhall, den unser Gedanke gerade in Oesterreich gefunden hat, zum nicht geringen Teile gerade aus dem Streben erfolgt, die in der letzten Zeit erschütterte Stellung der Deutschen zu kräftigen. Ein Wirtschaftsbündnis würde eine neue, noch festere Klammer sein, als eine bloß gelegentliche mehr oder weniger enge politische Verbindung — so denkt man allgemein in der deutschen Bevölkerung des Donaustaates. Durch das Medium des Wirtschaftsbündnisses wird das Deutsche Reich gezwungen, den Deutsch-Oesterreichern die Führung im Habsburger Reiche gewissermaßen zu garantieren, nicht bloß aus der mehr gefühlsmäßigen Empfindung der Stammes- und der Sprachgemeinschaft heraus, sondern wegen der sehr realen Natur der neu zu knüpfenden wirtschaftlichen Bande, der gegenseitigen Kapitalsanlagen, der dadurch bewirkten engen Verbindung beider Volkswirtschaften u. a. m. Unter der Herrschaft des allgemeinen Wahlrechtes ist auf absehbare Zeit an eine rein deutsche Mehrheit im österreichischen Reichsrat nicht zu denken; es hat sich sogar neuerdings gezeigt, daß die sonst geschlossenste aller Parteien, die österreichische Sozialdemokratie, dem Nationalismus ihren Tribut zollen mußte, und dieser sich stärker erwiesen hat, als der Partei-Gedanke. So dürfte eine gewisse Einwirkung seitens des Deutschen Reiches auf die nach Friedensschluß, wenn auch hoffentlich in gemäßigterer Form, wieder auflebenden inneren Kämpfe — Nationalitäten — in Oesterreich zugunsten des Deutschtums als unausbleiblich erwartet werden können. Das hat natürlich seine großen Bedenken. Jeder der verbündeten Staaten muß streng seine eigene Autorität wahren und wird sich fremde, wenn auch wohlwollende Interventionen nicht gefallen lassen. Nicht nur das Nationalgefühl der Deutschen ist in diesem Weltkriege erstarkt, sondern auch das aller anderen Nationalitäten, so unbedeutend diese sein mögen. Wohl hat die Stunde der gemeinsamen großen Gefahr, das Ringen um den Bestand des Staates ein kaum erwartetes Zusammenhalten der verschiedenen Volksstämme in Oesterreich gezeitigt, das sich zwar nicht ausnahmslos, aber doch machtvoll betätigte. In der Werktagsarbeit verflüchtigt sich nicht die Gefahr selbst, wohl aber der Gedanke daran. Ein Nationalitätenstaat, wie es Oesterreich ist und auf absehbare Zeit bleiben wird, hat vielleicht ebenfalls eine gemeinsame Staatsempfindung wie der völkische Einheitsstaat Deutschland, aber sie ist jedenfalls eine andersartige als diese. Sie ist ein zarteres, weniger robustes Gebilde, das durch Einflüsse von außen her, wie durch Agitation der außerhalb der Landesgrenzen ansässigen „Stammverwandten" — an deren Schürung es nicht fehlen wird — leicht geschwächt, sogar in Frage gestellt werden kann. Dazu kommen die jetzt in den Hintergrund getretenen konfessionellen Gegensätze.

Damit ist das Problem noch nicht erschöpft. Ganz abgesehen davon, daß die nichtdeutsche Bevölkerung Oesterreichs sich stärker vermehrt als die deutsche, schafft die erst im Anfang befindliche, aber doch beträchtliche Industrialisierung der Donaumonarchie neue Bedenken sozialer Natur. Die Arbeitermassen bestehen vorwiegend aus nichtdeutschen Elementen, während die Unternehmer wie das höhere Beamtenpersonal zumeist Deutsche sind. Der natürliche soziale Gegensatz beider Gruppen kann durch eine richtige Sozialpolitik höchstens gemildert, niemals ganz aufgehoben werden. Daß gegen diese unerwünschte Folge des Wirtschaftsbündnisses gerade die Deutschen in Oesterreich schwere Bedenken hegen, ist begreiflich. Wohl hat Naumann recht, wenn er vor Eingriffen in die innere Politik, besonders in der Nationalitätenfrage nachdrücklich warnt. Es läßt sich doch nicht vorhersehen, ob die feinen und fließenden Grenzen berechtigter Interventionen in Zukunft stets eingehalten werden und ob daraus nicht schwere Erschütterungen sowohl des österreich-ungarischen Staatsgefüges in Oesterreich selbst, als auch der Haltbarkeit des Wirtschaftsbündnisses entstehen könnten. An Gelegenheit dazu wird es leider nicht fehlen. Es wäre höchstens dagegen einzuwenden, daß schließlich derlei Nachteile angesichts der überwiegenden Vorzüge des Bündnisses eben in den Kauf genommen werden müssen, daß solche Bedenken auch bei einem bloß politischen Bündnis nicht fehlen würden und die Hoffnung bliebe, der Bündnisvertrag werde sich derart in dem Empfinden beider Bevölkerungen verankern, daß er auch schwere Stürme bestehen wird.

Ungarn.

Der Eintritt Ungarns kompliziert das Wirtschaftsbündnis, und zwar in doppelter Hinsicht, nämlich wegen seiner Beziehungen zu Oesterreich und zum Deutschen Reiche. Ungarn wacht eifersüchtig über seiner politischen Selbständigkeit, und nur das Bewußtsein seiner Schwäche im Falle einer Isolierung — auch in handelspolitischer Beziehung — hindert es daran, die Union mit Oesterreich noch weiter einzuschränken, vielleicht gar aufzulösen. Auch Ungarn ist kein nationaler Einheitsstaat, aber doch zählen die Magyaren nahezu die Hälfte der Bevölkerung (48,2 % nach der letzten Zählung vom Jahre 1910) und sie verfügen unbedingt über die Mehrheit im Budapester Parlament. Ihr staatlicher, sprachlicher und konfessioneller Gegensatz zu Oesterreich wird noch verstärkt durch den wirtschaftlichen. Zwar liefert Ungarn nach Oesterreich wie nach dem Auslande in der Hauptsache nur landwirtschaftliche Erzeugnisse, allein kein selbstbewußter Staat will auf der Stufe des rein-agrarischen verharren. Und so hat in Ungarn seit der Auseinandersetzung mit Oesterreich im Jahre 1867 eine starke staatliche Förderung der einheimischen Industrie und des Handels eingesetzt, die vielleicht im Verhältnis zu den für diesen Zweck aufgewendeten Mitteln nicht genügende Ergebnisse aufweist, jedoch nicht ohne weiteres ganz aufgeopfert werden kann. Diese Tatsache wird schon bei Aufgabe der Zwischenzollinie gegen Oesterreich schwer empfunden und hemmt das Zustandekommen eines langfristigen oder gar unkündbaren Zollbündnisvertrages mit Oesterreich, der doch, wie oben zu zeigen versucht wurde, die Vorbedingung des Wirtschaftsbündnisses mit Deutschland bildet. Aber in noch weitaus größerem Maße muß dieser Zustand die Schwierigkeiten des ganzen Projektes vermehren. Ungarn muß fürchten, bei einem engeren Bündnis mit Deutschland von der übermächtigen deutschen Industrie noch mehr bedrängt und erdrückt zu werden, als seitens der österreichischen. Ob es gelingen wird, dafür Kompensationen durch stark vergrößerte Ausfuhr ungarischer Landwirtschaftsprodukte nach Deutschland zu erhalten, ist eine Tatfrage, über welche die Entscheidung nicht leicht fallen dürfte. Ob sich die ungarische Staatsleitung zu entschließen vermag, ihre Ansätze zur eigenen Industrie schutzlos zu lassen, wird auch von gewiegten Kennern des Landes verschieden beurteilt. Und nahezu unmöglich scheint es, durch langfristige oder unkündbare Verträge die Richtung der zukünftigen ungarischen Handelspolitik festzulegen[8]), zumal noch gar nicht feststeht, ob die erleichterte Ausfuhr ungarischer Landwirtschaftsprodukte seitens der deutschen Landwirte ohne weiteres hingenommen werden dürfte, namentlich, wenn die Landwirtschaft jenseits der Leitha sich mehr auf die Ausfuhr einrichtet und anfängt intensiver zu arbeiten. Wirkt Ungarn auf verstärkten Schutz seiner Industrie hin, so muß die Freiliste recht mager ausfallen und von deutscher Seite dürften weniger Gegenkonzessionen gemacht werden. Jedenfalls sind beträchtliche Hindernisse von dieser Seite bereits in den Vorverhandlungen auszugleichen, wenn das Werk gelingen soll.

---

[8]) Der Bund der Fabrikindustriellen, der am 3. und 10. Februar 1916 in Budapest tagte, sprach sich für Schutzzölle gegen Oesterreich aus.

Formen des Bündnisvertrages.

Die Formen des geplanten zukünftigen Wirtschaftsbündnisses[9]) können ebenso mannigfaltiger Art sein, wie die bisher gemachten Vorschläge überhaupt. Immerhin lassen sich drei Grundformen deutlich voneinander unterscheiden, wenngleich ihre Grenzen fließende sind und die Entwicklungstendenz der einen Form zur anderen, je nachdem, bewußt in den Vordergrund gestellt oder der Zukunft überlassen werden kann.

Diese Grundformen sind:

1. Der Zollverein.

Das heißt: gemeinsame Zollverwaltung und Außenzollinie. Gewisse Zwischenzölle sind hierbei keineswegs ganz ausgeschlossen. Es dürfen jedoch nur wenige zugelassen werden, nämlich solche, die zum Ausgleich der verschiedenartigen Produktionsbedingungen in beiden Staaten, der inneren Abgaben, zu Finanzzwecken oder Monopolisierung einer Ware usw. bestimmt sind; auf ihren Abbau muß tunlichst hingewirkt werden.

2. Langfristiger oder unkündbarer Handelsvertrag mit Vorzugszöllen.

Vorzugszölle dürfen dritten Staaten, wenn überhaupt, nur mit Zustimmung der Vertragsschließenden gewährt werden. Zwischenzollinie mit der Tendenz des Ausgleiches im Schutzbedürfnis. Periodische Revisionen des Vertrages, die mit der Absicht der allmählichen Herabminderung oder Beseitigung der Zwischenzölle vorzunehmen sind. Keine gemeinsamen Außentarife, jedoch tunlichste Anpassung derselben aneinander. Einschränkung der Meistbegünstigungsklausel gegenüber fremden Staaten bei Handelsverträgen, die im gegenseitigen Einvernehmen und gleichzeitig abzuschließen sind. Im übrigen Autonomie jedes Teiles der verbündeten Staaten. Ueber die

---

[9]) Vgl. Stolper, Formen eines Wirtschaftsverbandes. Bd. 155 der Schriften des Ver. f. Soz.-Pol., S. 153 ff.

Höhe der Zölle, die nicht Vorzugszölle sind, bestimmt ein möglichst langfristiger Handelsvertrag, für den als passendste Unterlage der bei Ablauf des Jahres 1917 geltende Vertrag anzusehen wäre. In diesen Vertrag könnten bei der Revision feste Bestimmungen aufgenommen werden, welche die gegenseitige Annäherung befördern, z. B. daß beide Staaten sich die bestehende Zollfreiheit der Waren wie die obere Grenze der Zollsätze gegenseitig garantieren, daß die Außenzölle in zukünftigen Handelsverträgen nicht über ein gewisses Maß der Verschiedenheit der Zölle in beiden Staaten hinausgehen dürfen u. a. m. Doch ist auch ohne ein derartiges Abkommen ein Einvernehmen zwischen den Verbündeten denkbar. Der Schwerpunkt liegt bei dieser Grundform in den Vorzugszöllen und der dadurch bedingten verschiedenen Behandlung des Auslandes, sowie in der Tendenz zum stufenweisen Uebergang zum Zollverein.

3. Erhaltung des bisherigen Zustandes.

Deutschland wie Oesterreich-Ungarn bleiben dauernd getrennte Zoll- und Wirtschaftsgebiete, zwischen denen natürlich ein Handelsvertrag wie sonstige gegenseitige Begünstigungen und andersartige Verkehrserleichterungen bestehen können. Das bedeutet im wesentlichen die Erhaltung des bisherigen Zustandes, der aber auch als ein Uebergangsstadium zu einer der obigen engeren Verbindungsarten gedacht und bewußt diesem angepaßt sein kann. Beispielsweise derart, daß kein Staat die volle Meistbegünstigung ohne Vorbehalt gewährt, wenn er Verträge mit dritten Staaten abschließt, oder tatsächlich Artikel, bei denen später Vorzugszölle gewährt werden sollen, in diesen Verträgen nicht bindet u. a. m.

Der Zollverein.

Jede dieser Grundformen hat bestimmte Vorteile und Nachteile, die verschieden bewertet werden können. Daher hat auch eine jede ihre Anhänger und Gegner gefunden. Indessen haben sich im Verlaufe der bisherigen Erörterungen doch die Anschauungen darüber insoweit geklärt, daß der

Gedanke der völligen Zollunion nur wenig Anhänger mehr findet. Wohl bringt er die festeste Form des Wirtschaftsbündnisses und verbürgt am besten das völlige Ineinanderfließen beider Volkswirtschaften. Daher mag es für eine spätere Zeit das Ideal bleiben. Wir wollen uns diesem hohen, aber schwer zu erreichendem Ziele nähern, allein diese Annäherung kann nur stufenweise und in längeren Zeiträumen erfolgen. Der entgegenstehenden Schwierigkeiten sind augenblicklich zu viele, und sie scheinen fast unüberwindlicher Art. Nicht bloß die wirtschaftliche Struktur und damit die Interessen wie das Risiko beider Reiche sind zurzeit, wie früher bereits hier angedeutet, zu große. Es wäre unmöglich, in so kurz bemessener Frist einen gemeinsamen Außenzolltarif zustande zu bringen und einen gerechten Verteilungsmaßstab für die Zölle zu finden. Dazu kommt, daß keiner der Verbündeten auf den Ertrag der aufzuhebenden oder zu ermäßigenden Zwischenzölle gerade im Zeitalter höchster Finanznot wird verzichten wollen. Fast noch größer sind die Hindernisse staats- und verwaltungsrechtlicher Natur. An die Wiederherstellung eines Zollparlaments ist zwar gedacht worden, allein dieser Vorschlag ist heutzutage praktisch unausführbar. Daneben die Schwierigkeit der verschiedenen Währung, des Verhandelns mit dem Auslande, der Herstellung des Einvernehmens zwischen drei Regierungen und Volksvertretungen, des Anschlusses neutraler Staaten an das Bündnis u. a. m. Jedes der angeführten Hemmnisse genügt fast für sich allein, um den Weg der Zollunion als zurzeit ungangbar zu erweisen.

Langfristiger Handelsvertrag mit Vorzugszöllen.

Etwas besser sind die Aussichten für die zweite Grundform des Bündnisvertrages. Die grundsätzliche Wahrung der Autonomie der beiden vertragschließenden Reiche schafft einen festen Untergrund. Dadurch wird jedoch in keiner Weise die Möglichkeit, ja Notwendigkeit vorheriger gemeinsamer Verabredungen gegenüber dritten Staaten beseitigt, die übrigens nicht durch Vertrag festgelegt zu werden braucht. Gerade das

Verhältnis der Zölle zu dem Auslande ist der springende Punkt. Auch ein gemeinsamer Außenzolltarif könnte für den inneren Güteraustausch der verbündeten Reiche wirkungslos sein, sobald jeder Staat sich das Recht vorbehält, die einzelne Zollposition im Wege der Vertragsverhandlungen autonom zu verändern, d. h. zu binden und regelmäßig herabzusetzen. Die Vorzugszölle, welche die verbündeten Staaten sich gegenseitig unter Ausschluß Dritter gewähren, bieten unter Umständen auch keinen ausreichenden Schutz gegen Benachteiligung eines der verbündeten Staaten; namentlich dann nicht, wenn Rohstoffe, Halb- und Fertigfabrikate, aber auch Ersatzstoffe, nicht in das richtige Verhältnis gesetzt werden, was bei der Ausgestaltung der Zwischenzölle eine industriell wie zolltechnisch keineswegs leichte Aufgabe bildet, zumal wenn sie binnen kurzer Frist gelöst werden soll. Gerade der Weltkrieg wird durch die den Zentralmächten mittels der Handelssperre aufgenötigte veränderte Richtung der Erzeugung und des Verbrauches hier vielfach große Veränderungen im zukünftigen Warenaustausche bewirken, die sich nur schwer von vornherein übersehen lassen. Dies wirkt wiederum auf die Frage der engeren oder weiteren Ausgestaltung der Vorzugszölle zurück, die sich nur unter Berücksichtigung des zukünftigen Bedarfes der einzelnen Warengattung von Fall zu Fall entscheiden läßt.

In der Endwirkung wäre es gleichgültig, ob die Unterschiede bezüglich der Ausgleichszölle bei der Einfuhr (durch erhöhte Zölle bei einem gemeinsamen Außentarif beider Länder) oder durch Vorzugszölle beim Uebergang in das Bestimmungsland (beim Passieren der Zwischenzollinie) bewirkt würden. Die Hauptsache bleibt immer die Differenzierung dritter Staaten. Allein es besteht darin ein nicht unerheblicher Unterschied. Abgesehen davon, daß, wie bereits oben erwähnt, schwerlich sich bis zum Ablauf des Deutsch-Oesterreichischen Handelsvertrages (31. Dezember 1917) ein gemeinsamer Außentarif mit den dazu gehörigen ermäßigten Zwischenzöllen vereinbaren ließe, müßten doch auch die zum gleichen Zeitpunkte ablaufenden Handelsverträge mit den neutralen Staaten gekündigt werden, wodurch ein vertragsloser Zustand entstünde, der unübersehbare schwere Folgen auch für die des Güteraustausches dann mehr als je bedürfenden Volkswirtschaften Mitteleuropas zeitigen müßte. Dem könnte auch eine etwaige Verlängerung des Vertrages mit Oesterreich-Ungarn als Provisorium, die ja vorgesehen ist und im übrigen als Zwischenstadium zu empfehlen wäre, nicht ohne weiteres vorbeugen. Denn das Kündigungsrecht steht nach Ablauf dieses Jahres auch den neutralen Staaten zu, und es ist leicht denkbar, daß davon Gebrauch gemacht werden könnte. Erfolgt dagegen die Differenzierung im Wege der engeren Meistbegünstigung, d. h. durch Vorzugszölle, so können wir es ruhig auf die Kündigung mit diesen Staaten ankommen lassen, bzw. selbst kündigen. Denn wir sind an die Sätze des gemeinsamen Außentarifs alsdann nicht mehr gebunden, sondern in der Lage, falls die neutralen Staaten die Vorzugszölle selbst begehren, uns darüber mit ihnen zu einigen, da Deutschland wie Oesterreich-Ungarn ihnen gegenüber verschiedenartige Interessen besitzt, die durch Erhöhung oder Ermäßigung gebundener oder nicht gebundener Positionen gewahrt werden können. So neigt sich auch hier die Wage zu Ungunsten des gemeinschaftlichen Außentarifes.

Unterschiede in den Zollsätzen Deutschlands und Oesterreich-Ungarns.

Wie verhalten sich überhaupt die Außenzölle des bisherigen deutschen zu denen des österreichisch-ungarischen Tarifes? Bis zu einem gewissen Grade liegt hier der Kernpunkt des gesamten Bündnisproblems. Denn nicht bloß sind die Unterschiede sehr beträchtliche, sondern es fragt sich, ob es überhaupt denkbar ist, sie auf mittlerer Linie auszugleichen. Das ist ebenfalls eine Tatfrage. Hier ist es nur möglich, die wichtigsten Unterschiede anzuführen, ohne zu der Frage ihrer Anpassung

Stellung zu nehmen. Bei der Vergleichung der Zollhöhe ist lediglich der Vertragstarif in Betracht gezogen, da dieser so gut wie ausnahmslos auch gegenüber dritten Staaten in Geltung war.

Wir unterscheiden drei Kategorien: die Positionen, bezüglich deren die deutschen Zölle höher sind als die österreichischen, die Fälle, in denen beide gleich sind, und schließlich diejenigen, bei denen der österreichisch-ungarische Vertragstarif ein höherer ist.

In landwirtschaftlichen Erzeugnissen besteht in Deutschland ein höherer Zoll auf Malzgerste (4 M. gegen 2,80 Kr.), auf Hafer (5 M. gegen 4,80 Kr.), Mais (3 M. gegen 2,80 Kr.) und Malz (5,75 M. brutto, in Oesterreich 5,40 Kr.). Der zeitweise deutsche Kartoffelzoll (von 1 M.) fehlt in Oesterreich. Eine Reihe von Gemüsesorten werden in Deutschland mit Zöllen belastet, während sie nach Oesterreich zollfrei eingehen, ebenso einige Südfrüchte, namentlich Apfelsinen und Mandeln. Entsprechend seinem Reichtum an Holz läßt Oesterreich diesen Artikel sowie die mit der Säge bearbeiteten Holzprodukte, auch Eisenbahnschwellen, zollfrei, während Deutschland je nach der Bearbeitung abgestufte Sätze von 0,12 bis 0,72 M. erhebt. Pferde sind ebenfalls in Deutschland höher belastet, während bei Rindvieh die Zollhöhe infolge der verschiedenen Berechnungsweise schwer berechenbar ist. Eier, einer der beträchtlichsten Ausfuhrartikel Oesterreichs, von denen allein für 76,5 Millionen Mark nach Deutschland gingen (übrigens teilweise auch zur industriellen Verwertung), sind in Oesterreich zollfrei, während Deutschland 2 M. pro dz. erhebt.

Wesentlich gleich ist die Zollbehandlung in beiden Staaten für Roggen und Weizen, Hopfen, frisches Obst, Geflügel, Fleisch, Milch, Rahm, Butter, auch Mehl.

Dagegen erhebt Oesterreich höhere landwirtschaftliche Zölle für Futtergerste. Auch ist tatsächlich der Schutz der österreichischen Mälzerei größer, als der durch die deutschen Zollsätze. Weintrauben und Weinmaische haben gleichfalls beträchtlich höhere Sätze, um den größeren Weinbau des Donaustaates zu schützen. Ein Vergleich der Zölle auf Kaffee, Kakao, Tee, Schokolade, Tabak und Spiritus ist hier nicht gerechtfertigt, da es sich hierbei um ausgesprochene Finanzzölle handelt, die durchweg in Oesterreich höher sind. Tabak ist in Oesterreich bekanntlich Monopolartikel und seine Einfuhr nicht ohne weiteres gestattet. In diesen Warengattungen ist der Güteraustausch ein geringfügiger.

Der wichtigste landwirtschaftliche Ausfuhrartikel Oesterreich-Ungarns nach dem Deutschen Reiche ist Malzgerste, dessen Export-Höhe je nach den Ernteergebnissen stark schwankt. Deutschland erzeugte an Gerste im Jahre 1913: 3,7 Mill. Tonnen oder etwa 58 kg auf den Kopf der Bevölkerung; dagegen Oesterreich etwa das gleiche Quantum, d. h. aber 70 kg Kopfquote. Im Jahre 1913 belief sich die Einfuhr der Gerste aus Oesterreich-Ungarn auf 128344 Tonnen, war also verhältnismäßig unbedeutend gegenüber der deutschen Produktion von 3,7 Mill. Tonnen. Allein da der Durchschnittsertrag in Oesterreich sich nur auf 16,0, in Ungarn sich auf nur 13,9 dz pro Hektar beläuft, erscheint die Möglichkeit einer bedeutend stärkeren Ausfuhr nach Deutschland bei intensiverer Wirtschaft nicht ausgeschlossen. Es wird sich fragen, ob die deutsche Landwirtschaft und die Regierung dem Wunsche Oesterreich-Ungarns auf Herabsetzung oder gar Aufhebung dieser Zollposition entsprechen kann und wird.

Hopfen.

In gleichem Maße interessiert ist die österreichische Landwirtschaft an der Herabsetzung des Zolles auf Hopfen. Wir führten solchen von dort im Jahre 1913 für 7,5 Mill. Mark Warenwert ein (1912 sogar für 13,8 Mill. Mark) und exportierten dahin nur ganz unbedeutende Mengen. Da wir im Jahre 1913 im ganzen fast für 6 Millionen Warenwert mehr aus- als einführten, ist anzunehmen, daß der österreichische Hopfen Qualitätsware ist und die deutsche Hopfenerzeugung den heimischen Bedarf zu decken vermag.

Holz.

An der Ausfuhr von Bau- und Nutzholz nach Deutschland ist Oesterreich-Ungarn vor allem interessiert. Mit 68,7 Mill. Mark Warenwert stand dieser Artikel an zweiter Stelle, während wir nur für etwa 3 Mill. Mark dahin ausführten. Allerdings ist der Bezug von russischem Holz bei uns noch beträchtlicher, indessen ist namentlich bei der Gruppe Rundholz unsere Einfuhr aus Oesterreich sehr stark (im Jahre 1913: 13,9 Mill. dz gegen insgesamt 36,3 Mill. dz der Einfuhr, Warenwert 47,8 Mill. Mark), während dieses Land uns verhältnismäßig nur wenig gesägtes Holz lieferte (1913: 2,6 gegen insgesamt 19,2 Mill. dz Einfuhr). Oesterreich-Ungarn besitzt eine weitaus größere Forstfläche als das Deutsche Reich (18,7 gegen 14 Mill. ha, d. i. 30,8 gegen 25,9 % der gesamten Kulturfläche). Allerdings klagt man in Oesterreich — besonders in den Alpenländern — über zu starken Abtrieb bei zu geringer Aufforstung der Wälder trotz entgegenstehender strenger Gesetze. Immerhin werden wir noch in steigendem Maße, auch infolge des Krieges, auf die Einfuhr von Holz künftighin angewiesen sein, und es käme in Frage, Oesterreich-Ungarn durch Herabsetzung des deutschen mäßigen Holzzolles gegenüber unserem Hauptlieferanten Rußland zu bevorzugen. Zum Schutze unserer Sägewerke ist der deutsche Zoll von 0,72 M. gegen Oesterreich kaum erforderlich, da für unseren Verbündeten der billige Flößerei-Betrieb, wenigstens bis jetzt, nicht so sehr in Betracht kommt. Daraus erklärt sich auch die verhältnismäßig geringe Menge an gesägtem Holz aus Oesterreich, die zu uns gelangt.

Ochsen.

Während unsere sonstige Vieheinfuhr aus Oesterreich-Ungarn unbedeutend ist im Verhältnis zur gesamten, quantitativ wie dem Werte nach aber doch ins Gewicht fällt und sich vorwiegend auf Nutzvieh erstreckt, lieferte uns Oesterreich im Jahre 1913: 27 900 Stück Ochsen im Werte von 18,8 Mill. Mark, d. h. den weitaus größten Teil der deutschen Einfuhr an Ochsen überhaupt, die sich auf 36 100 Stück im Werte von 26,1 Mill. Mark belief. Oesterreich-Ungarn hat einen höheren Rindviehbestand (auf 1000 Einwohner 33 Stück) als Deutschland (30 Stück). Durch Einräumung eines Vorzugszolles könnte diese Einfuhr noch beträchtlich erhöht werden.

Eier.

Nehmen wir die gewaltige, oben bereits erwähnte österreichische Ausfuhr an Eiern (Warenwert 1913: 76,5 Mill. Mark), die allerdings noch hinter der Rußlands ein wenig zurücksteht, hinzu, so ist der Kreis der wichtigeren landwirtschaftlichen Ausfuhrartikel geschlossen. Der Betrag der anderen Waren ist nicht von großem Belang.

Gesamtresultat für die Landwirtschaft.

Es ergibt sich als Gesamtresultat, daß die österreichisch-ungarische Landwirtschaft als Konkurrentin der deutschen, selbst bei stark ermäßigten Vorzugszöllen, nur für einige wichtige agrarische Produkte in Betracht kommt, hier allerdings in bedeutendem Maße.

Die Hoffnungen auf österreichischer Seite, auf Grund des letzten Handelsvertrages in steigendem Maße landwirtschaftliche Erzeugnisse in das Deutsche Reich einzuführen, haben sich bekanntlich nicht erfüllt, da in Oesterreich der Prozeß der Industrialisierung gerade in dieser Epoche einsetzte und die Mehreinfuhr von Lebensmitteln bedingte, die landwirtschaftliche Ausfuhr auch in Ungarn nur wenig zunahm. Trotzdem ist in gewissen Einzelartikeln hochwertiger Art, die zumeist Qualitätsware darstellen, Oesterreich-Ungarn noch immer einer der wichtigsten Lieferanten Deutschlands auch auf diesem Gebiete und wird es fernerhin bleiben. Auch hat die österreichische und noch viel mehr die ungarische Landwirtschaft die Möglichkeit einer starken Vermehrung ihres Exportes nach Deutschland, wenn sie zu größerer Intensität übergeht. Namentlich Ungarn, das gegenwärtig an Weizen nur 12,7 kg pro Hektar (1912) erzeugt, (gegen 15,9 dz in Oesterreich und 22,6 dz in Deutschland) wird bei seiner vorzüglichen Eignung für den Weizenbau später seine Ausfuhr an Weizen nach Deutschland erheblich verstärken können, wenngleich auf den vollen Ersatz des deutschen Weizenmehrverbrauchs von dorther in absehbarer Zeit schwerlich zu rechnen sein dürfte. Nicht das Gleiche wird bei der österreichischen Viehhaltung eintreten, da Oesterreich auf die ungarische Einfuhr bei stärkerer Industrialisierung angewiesen sein wird.

Ob diese Ausgestaltung in Zukunft aber nicht zur Beibehaltung der bisherigen Zollschranke gegen die Donaumonarchie beitragen wird, ist nicht abzusehen, während jetzt die agrarische Opposition gegen diese Vorzugszölle nur eine schwache ist. Ohne derartige Vorzugszölle ist jedoch kaum ein Wirtschaftsbündnis denkbar, es kommt dabei auch in Betracht, daß die Steigerung der österreichisch - ungarischen Landwirtschaft ohne Hilfe namentlich deutschen Kapitals kaum möglich wäre, was auch dort offen ausgesprochen und gefordert wird.

Leicht wird auch hier der Ausgleich nicht fallen, wenn er auch immerhin nicht so schwer ist, wie bei den industriellen Vorzugszöllen, zu denen wir nunmehr übergehen.

Die industriellen Vorzugszölle.

Wenn der Güteraustausch industrieller Waren zwischen Deutschland und Oesterreich-Ungarn betrachtet wird, pflegt der Hinweis nicht zu fehlen, daß sich für Deutschland ein Ueberschuß der Ausfuhr im Betrage von zuletzt (1913)

482,5 Mill. Mark über die Einfuhr aus Oesterreich-Ungarn in diesen Erzeugnissen ergibt (713,3 gegen 230,8 Million Mark Warenwert). Dieser Ueberschuß ist also für uns mehr als dreimal so groß, während er in Beziehung auf landwirtschaftliche Produkte zugunsten der Donaumonarchie nur das 2½ fache erreicht (1913: 457,2 gegen 185,2 Mill. Mark Warenwert). Daraus wird vielfach gefolgert, namentlich in Oesterreich-Ungarn, daß wir die größeren Vorteile aus dem Stande der bisherigen Vertragszölle hätten und Konzessionen vorwiegend unsererseits gemacht werden müßten, um nur das bisherige Maß der deutschen industriellen Ausfuhr dahin aufrechtzuerhalten.

Allein diese Auffassung trifft in mehrfacher Hinsicht nicht zu. Zunächst ist es offensichtlich, daß ein Staat, der in seinem weitaus größten Teile von einem industriell vorgeschrittenen, noch dazu stammverwandten, derart umgrenzt wird, wie die Donaumonarchie vom Deutschen Reiche, naturgemäß eine stärkere Einfuhr von Industrieprodukten haben muß, und zwar bei jeder Ausgestaltung der Zollpositionen, deren Höhe nicht unbedingt die Größe der Einfuhr beeinflußt. Weitaus mehr als die Höhe der industriellen Schutzzölle, die in Oesterreich-Ungarn, wie unten im einzelnen zu zeigen versucht werden soll, durchweg höher gehalten sind als bei uns, kommen die Bindung der Zölle und die Erleichterungen im Grenz- und Veredelungsverkehr in Betracht. Diese Bestimmungen gelten aber doch auch gegenüber anderen angrenzenden Vertragsstaaten, bzw. sie könnten eingeführt und ausgedehnt werden. In manchen industriell wichtigen Einzelzweigen ist die Abhängigkeit Oesterreich-Ungarns von der deutschen Einfuhr durch das Vorkommen der benötigten Rohstoffe bedingt und könnte durch keine andersartige Zollgesetzgebung wirksam paralysiert werden.

Das gilt vor allem für die bedeutsame Gruppe der Metalle. Im Jahre 1912 wurden in Oesterreich-Ungarn insgesamt 2 606 000 Tonnen Roheisen gewonnen, d. h. 52 kg auf den Kopf der Bevölkerung, gegen 17,6 Mill. Tonnen in Deutschland (einschließlich Luxemburgs), d. h. 260 kg pro

Kopf. Zwar ist die österreichische Roheisenerzeugung beträchtlich gestiegen (im Jahre 1902 belief sie sich nur auf 1,5 Mill. Tonnen), aber weder im gleichen Verhältnis wie die deutsche, noch annähernd zu einer Höhe, daß sie den Bedarf der vergrößerten Industriewerke Oesterreichs zu decken vermochte. Selbst der altbewährte österreichische Eisenerzbau — darunter zwei Drittel der durch Tagbau abgebauten alten Römerwerke bei Eisenerz in Steiermark — reichte bei einer Förderung von insgesamt 4,7 Mill. Tonnen (1911) bei weitem nicht an die Eisenerzgewinnung Deutschlands von 29,9 Mill. Tonnen heran. Dieses Mindermaß der Förderung an Rohmaterial muß zurückwirken auf die Herstellung der Halb- und Fertig-Fabrikate von Eisenwaren. Daher beobachten wir bei der Gruppe: „unedle Metalle und Waren daraus" ein Ueberwiegen der deutschen Ausfuhr nach Oesterreich-Ungarn über die Einfuhr von dorther um nicht weniger als 108,6 Mill. Mark Warenwert, und für Eisen speziell ein Ueberwiegen der Ausfuhr Deutschlands um 65,4 Mill. Mark (76 gegen 10,6 Mill. Mark), bei Maschinen um 78,5 Mill. Mark (81,3 gegen 2,8 Mill. Mark), bei elektrotechnischen Artikeln um 20,6 Mill. Mark (21,8 gegen 1,2), bei Fahrzeugen um 12,1 Mill. Mark (13,2 gegen 1,0).

Die gleiche Erscheinung weisen, sogar in weit stärkerem Verhältnis, Blei, Zink und Kupfer auf, sowohl bezüglich der Gewinnung wie des Warenaustausches.

Steinkohlen.

Oesterreich-Ungarn hat Mangel an guten Steinkohlen. Ihre Förderung belief sich dort auf nur 17 Mill. Tonnen gegen 174,9 Mill. Tonnen im Deutschen Reiche (1912), wogegen der habsburgische Staat in Braunkohlen zwar nicht den Mengen nach (34,4 Mill. Tonnen gegen 80,9 Mill. in Deutschland), wohl aber dem Werte nach (185,5 gegen 175,6 Mill. Mark) Deutschland überflügelte. Dieser Umstand muß als erschwerendes Moment für die Entwicklungsfähigkeit der österreichisch-ungarischen Industrie besonders hervorgehoben werden.

Die Handelsbilanz.

Ist bereits durch diese Mindererzeugung an wichtigen Rohstoffen im Donaustaate eine gewisse Abhängigkeit von Deutschland ohne weiteres gegeben, so muß noch betont werden, daß die bloße mechanische Ablesung der Ziffern aus der Handelsbilanz überhaupt irreführend ist. Die deutsche Ausfuhr nach Oesterreich-Ungarn umfaßt zu einem guten Teile Waren nicht-deutschen Ursprunges, in denen wir Durchfuhrland oder Zwischenhändler sind. Wir exportieren allein für 27,5 Mill. Mark Baumwolle nach der habsburgischen Monarchie, dazu in recht erheblichen Mengen ausländische Schafwolle, Kautschuk, Chilesalpeter, Seide, Kupfer, Nickel u. a. m. Das ist kein eigentlicher Austausch beider Volkswirtschaften.

Dazu kommt ein Anderes. Manche recht ins Gewicht fallenden deutschen Ausfuhrartikel sind in Oesterreich-Ungarn zollfrei und müssen es bleiben. So vor allem Steinkohle, die nicht weniger als 17 % der gesamten deutschen Ausfuhr dahin beträgt und einen Ueberschuß von 105 Mill. Mark aufweist. Hier kann der Zoll überhaupt keine Rolle spielen. Das Nämliche gilt auch von manchen anderen Artikeln. Um diesen Betrag vermindert sich der Saldo zu unseren Gunsten.

Es würde sich also bei den Vorzugszöllen für industrielle Produkte vorerst um nur einige wichtigere Artikel für die beiden Reiche handeln können. Dabei ist wohl zu beachten, daß das Interesse beider verbündeten Staaten an der Einfuhr aus dem anderen ein recht verschiedenartiges ist. Bekanntlich beläuft sich der Anteil der Ausfuhr nach Deutschland in Oesterreich-Ungarn auf 40,8 % der Gesamtausfuhr und der Anteil der Einfuhr aus Deutschland auf 39,5 % der Gesamteinfuhr (1913), während für Deutschland die Ausfuhr nach dem Donaustaate nur 10,9 % und die Einfuhr von dorther gar nur 7,9 % der ganzen bisherigen Aus- und Einfuhr ausmachte. Wie wir bereits gesehen haben und für einzelne Warengattungen noch zu zeigen sein wird, ist allerdings der gegenseitige Güteraustausch in wenigen Spezialartikeln ein sehr beträchtlicher, und beide Reiche stehen als Lieferanten darin an erster Stelle. Man kann noch hinzufügen, daß die unsichere Lage des internationalen Handelsverkehrs auch zu den neutral gebliebenen Staaten, der allgemeine Kapitalmangel usw. namentlich die überseeische Ausfuhr beider Reiche einengen und — zumindest in der ersten Friedenszeit — stark erschweren müssen. Allein soviel bleibt als unzweifelhaft bestehen, daß der Spielraum, den der beiderseitige Warenaustausch zwischen den verbündeten Reichen besitzt, keiner sehr großen Ausdehnung mehr fähig ist, wenigstens nicht einer solchen, die uns einen einigermaßen beträchtlichen Ersatz für den jetzt verloren gegangenen und zukünftig bedrohten Absatz bringen würde. Trotz aller Einreden muß als festgestellt angesehen werden, daß namentlich die deutsche Ausfuhr, zumal die überseeische, nach dem Kriege zu pflegen und womöglich noch zu erweitern durchaus notwendig sein wird — will anders Deutschland die hohe Stufe seiner Wirtschaftsentwickelung nicht verlassen, sondern auch im Interesse seiner militärischen Machtentfaltung behaupten. Diese Forderung braucht jedoch noch keinen Gegengrund gegen das Wirtschaftsbündnis abzugeben und wäre auch mit Vorzugszöllen an sich wohl vereinbar. Gelingt es durch unseren vollkommenen Sieg auf den Schlachtfeldern den feindlichen Staaten unseren handelspolitischen Willen aufzuzwingen, so ließe sich auch die Einräumung von erheblichen Konzessionen von diesen auch ohne die bisherige volle Meistbegünstigung um so eher durchsetzen, als der Frieden zweifelsohne nur gemeinsam von Deutschland und Oesterreich-Ungarn geschlossen werden kann und wird.

Andererseits liegen hier ernste Gefahren für die Zukunft. Die handelspolitische Differenzierung wird von den unterlegenen und auch den neutralen Staaten, zumal bei der Spannung nach dem Kriege, nur schwer und als eine Fessel ertragen werden, die man bei jeder passend erscheinenden Gelegenheit abzustreifen suchen wird. Die engere Begrenzung der Meistbegünstigung muß zumindest als Vorwand zu einem latenten Zollkriege empfunden werden, dem der Ausbruch politischer Kriege leicht folgen kann. Die Differenzierung führt weiter dazu, daß alle Mittel zur Umgehung des noch vorhandenen Restes der Meistbegünstigung angewendet werden. In den Friedensverhandlungen all diesen Versuchen wirksam entgegenzutreten erscheint, wie der Zustand vor Kriegsausbruch bereits gelehrt hat, auf die Dauer kaum möglich, ganz abgesehen davon, daß auch ein besiegter Staat bereits im Friedensvertrage sich dauernden Eingriffen und der Kontrolle eines fremden Staates nicht unterwerfen dürfte.

Endlich kann die Differenzierung dazu führen, daß die bisher gegnerischen Staaten das gleiche Prinzip unter sich oder doch mit ihren Kolonien einführen und sich auf unser Beispiel berufen. Nun ist zwar ein Wirtschaftsbündnis mit Vorzugszöllen zwischen unseren Feinden zurzeit trotz aller phrasenhaften Drohungen von jener Seite kaum denkbar, indessen ist doch z. B. der Plan Chamberlains von der Realisierung des „Greater Britain", der sogenannte I m p e r i a l i s m u s , in greifbare Nähe gerückt. Auch dieser Umstand braucht an sich kein Hemmnis für den Abschluß unseres Wirtschaftsbündnisses zu sein. Denn der britische Imperialismus könnte ohnehin verwirklicht werden, und je geringer die Zahl der Wirtschaftseinheiten wird, je fester ihr inneres Gefüge, desto größer wächst sich auch die Notwendigkeit aus, mit den anderen in feste vertragliche Beziehungen zu treten. Der handelspolitische Kriegszustand ist doch immer, zum Heil für die Menschheit, ebenso ein vorübergehender, ein anormaler, wie der militärische Kampf. Wir kennen auch aus der Geschichte des deutschen Zollvereins eine Fülle von Sonderbündnissen, inneren Zwisten und Friedensschlüssen. Und wenn auch dies unter den heute geltenden Verhältnissen bei sonst scharf gespannten Gegensätzen und mancherlei anderen Umständen keine zwingende Analogie bietet und die zukünftige handelspolitische Entwicklung auf dem Erdballe nicht mit Sicherheit vorhergesagt werden kann, so läßt sich doch mit hoher Wahrscheinlichkeit behaupten, daß man sich mit der Zeit auch an die Begrenzung der Meistbegünstigung gewöhnen wird und ihre schlimmsten Folgen allmählich sich verringern dürften.

wenngleich sie heute als feststehend angenommen und mit in den Kauf genommen werden müssen.

Wie dem auch sein mag, bei der Abgrenzung der Vorzugszölle sollte mit besonderer Vorsicht und nur im tunlichsten Einvernehmen der beiderseitigen Interessenten vorgegangen werden. An sich wird es nicht an scharfem Widerspruch fehlen. Dieser braucht allerdings nicht immer berücksichtigt zu werden. Interessenten sind geneigt, die Folgen einer stärkeren Konkurrenz des Auslandes höher einzuschätzen, die eigene Lage pessimistischer anzusehen, den Wert notwendig zu machender Konzessionen mehr zu übertreiben, als dies vielfach den Tatsachen entspricht. Die volle Wirkung des gesamten Vertrages bezüglich der Vorzugszölle läßt sich allerdings selbst von hoher Warte nur schwer und unvollkommen übersehen; in gewisser Beziehung bleibt er immer ein Sprung ins Dunkle.

Es läßt sich daraus die weitere Folgerung ableiten und begründen, daß am besten vorerst die Vorzugszölle des Bündnisvertrages nicht eine zu große Zahl von Positionen aufweisen sollten, ebensowenig eine zu beträchtliche Herabsetzung des früheren Konventionaltarifes. Der weitere Abbau ist am besten der Revision dieser Vorzugszölle zu überlassen. Dadurch wird die Ausnutzung der praktischen Erfahrung ermöglicht und die Mißstimmung, die auch auf das politische Bündnis abfärben könnte, vermieden oder wenigstens eingedämmt. Die Revision der Vorzugszölle sollte am passendsten vertragsmäßig als eine periodische festgelegt werden, und zwar für den Anfang nicht zu kurzfristig angesichts der Neuheit der Sachlage, der Schwierigkeiten der gegenseitigen Anpassung und der unsicheren handelspolitischen Situation überhaupt. Selbstverständlich sollte bestimmt werden, daß auch innerhalb dieser etwa im Anfang fünfjährigen Revisionsfrist auch auf Begehren je eines Vertragschließenden ein Zusammentreten der gewählten Kommission möglich wäre. Ein hierauf bezügliches Abkommen sollte von den drei Parlamenten, wie die Handelsverträge, nur im ganzen angenommen oder abgelehnt, nicht aber im einzelnen abgeändert werden dürfen. Regel müßte sein, daß die Sätze des bisherigen Konventionaltarifs als Höchstsätze gelten und die bisher vereinbarten zollfreien Waren als solche für die ganze Vertragsdauer des Wirtschaftsbündnisses angesehen werden. Damit ist von selbst die Tendenz nach Abbau der Vorzugszölle gesichert, ohne daß eine vertragsmäßige automatische Regelung bei der Revision eintritt, die von unsicherer Wirkung wäre. In diesem Falle würde durch Vereinbarung nach Anhörung der Wünsche der Interessenten eine allmähliche Herabsetzung der Vorzugszölle, eine Erweiterung der Freiliste und eine Heranziehung anderer Zollpositionen, d. h. ein langsames aber stetiges Ineinanderwachsen beider Volkswirtschaften, besser zu erzielen sein, als durch ein zu stürmisches Tempo für den Anfang dieses Zustandekommens, das auch die Verhandlungen mit dritten Staaten unnötigerweise erschweren müßte.

Daß vorerst nicht gar zu starke Zollermäßigungen eintreten sollten, rechtfertigt sich aus dem starken Finanzbedürfnis beider Reiche nach Kriegsbeendigung. Es wird sich schon nicht leicht feststellen lassen, welche Zölle als reine Finanzzölle anzusehen sind. Ihrem Wesen nach sind dies allerdings nur Zölle auf Waren, die im Inlande gar nicht oder doch in nicht nennenswerter Menge und Qualität erzeugt werden. Aber hierbei sind schon Unterschiede vorhanden (z. B. ist der Petroleumzoll in Deutschland nur als reiner Finanzzoll anzusehen, in Oesterreich-Ungarn aber mehr als Schutzzoll), und diese können sich späterhin noch steigern oder verschärfen (z. B. Zölle auf ausländische Kraftfuttermittel oder Düngemittel, falls solche durch neue Herstellungsmethoden im Inlande erzeugt werden). Sodann ist das Finanzbedürfnis beider Reiche verschieden, und das Steuersystem muß sich der historischen Entwicklung angliedern, was den Ausgleich stark erschwert.

Die Zollbindung.

Ist es somit unseres Dafürhaltens geboten, die Vorzugszölle zunächst nicht allzu stark auszugestalten, sondern mehr nur ihr Prinzip festzuhalten und ihre weitere Entwicklung von der Zeit zu erwarten, so ist dennoch der große Vorteil dieser Vorzugszölle vor der Wirkung eines gewöhnlichen Handelsvertrages ein unendlich weitreichenderer. Nicht bloß muß die feste Obergrenze der Zollsätze, die Tendenz zu ihrem allmählichen Abbau auf den gegenseitigen Güteraustausch mächtig fördernd einwirken, sondern in noch höherem Grade die gegenseitige langfristige Bindung der Zollsätze nach oben hin und die Zollfreiheit. Diese beeinflußt den Verkehr in viel günstigerer Weise als die Herabsetzung der Zollpositionen, weil dieser alsdann mit festen Verhältnissen rechnen darf. Diesen Vorteil schätzen wir so hoch ein, daß dagegen unseres Dafürhaltens andere Mängel und Unbequemlichkeiten der Einschränkung der Meistbegünstigung zurücktreten könnten. Will man sich überhaupt für das Bündnis entscheiden, so ist dieser Vorzug als einer der stärksten Posten auf der Debetseite zu buchen.

Automatische Regelung der Vorzugszölle.

Es ist der Vorschlag aufgetaucht, die Vorzugszölle gewissermaßen automatisch zu regeln. Bei denjenigen Waren, die der eine verbündete Staat vorzugsweise liefert, sollen die Zugeständnisse an dritte Staaten dadurch beschränkt werden, daß die Hälfte der Spannung zwischen den Sätzen des allgemeinen und des Vertragstarifs die Obergrenze der Konzession an andere Reiche abgibt. Also beispielsweise: der deutsche Zoll auf Malzgerste beträgt nach dem allgemeinen Tarif 7 M., nach dem Vertragstarif 4 M., die Differenz mithin 3 M. Bis zum Vertragstarif plus der Hälfte der Differenz, also bis 5,50 M., höchstens soll in den neuen Verträgen mit anderen Staaten gegangen werden, während Oesterreich-Ungarn mit 4 M. differenziert wäre.

Allein eine derartige Regelung wäre unzweckmäßig. Sie ist zu schematisch und läßt notwendige Aenderungen außer acht. Sie verrät die äußerste Grenze der bei den Handelsvertragsverhandlungen unsererseits zu gewährenden Konzessionen. Die allgemeinen Tarife sind heute Kampftarife und daher oft willkürlich aufgestellt, ohne daß ernstlich beabsichtigt wurde, diese Zollsätze im eigenen Interesse aufrechtzuerhalten. Der Wechsel in dem Güteraustausch würde bei derartiger Bestimmung nur ungenügend berücksichtigt. Kurzum, eine derartige Norm würde neue Handelsverträge, denen sich ohnehin Schwierigkeiten genug in den Weg stellen, vielfach unmöglich machen.

Auch wäre es nicht angängig, ohne weiteres den Verbündeten Vorzugszölle bei all den Positionen zuzugestehen, in denen sie die hauptsächlichsten Lieferanten sind. Um nur auf einige der wichtigsten Ausfuhrartikel Oesterreich-Ungarns nach Deutschland hinzuweisen, wäre der Export an Eiern und Holz aus inneren Gründen der Erzeugung kaum steigerungsfähig. Da nun Deutschland auf eine starke Einfuhr an diesen Artikeln angewiesen ist, würde die Gewährung eines Vorzugszolles an Oesterreich-Ungarn kaum die Einfuhr von dort steigern, wohl aber Schwierigkeiten beim Abschluß eines Handelsvertrages mit Rußland bereiten, da dieser Staat bezüglich dieser Waren auf die Ausfuhr nach Deutschland wesentlich angewiesen ist. Es empfiehlt sich mithin, bei den Vorzugszöllen nicht schematisch vorzugehen, sondern die Gesamtlage der betreffenden Warengattung von Fall zu Fall zu betrachten und darnach die Zollhöhe zu bemessen.

Einräumung der Vorzugszölle an dritte Staaten.

Man hat auch die Frage der Unkündbarkeit des Wirtschaftsbündnisses sowie der Vorzugszölle aufgeworfen. Allein bei noch so intimen politischen wie wirtschaftlichen Beziehungen muß diese Forderung besser abgewiesen oder wenigstens im Augenblick vertagt werden. Die Meistbegünstigungsklausel in Artikel 11 des Frankfurter Friedensvertrages, die mitunter als Fessel für beide Staaten empfunden wurde, sollte eine Lehre sein und eine Mahnung gegen zu weitgehende Bindungen in so unsicherer Lage. Eine längere Geltungsdauer des Bündnisvertrages als die für Handelsverträge bisher übliche, für die etwa 25 bis 30 Jahre im Anfang vollauf genügen würde, könnte ausreichen, um das Ineinanderwachsen beider so verschiedener Volkswirtschaften zu fördern und dessen Schwierigkeiten hintanzuhalten, die nicht durch unnötige Forderungen noch künstlich vermehrt werden sollten. Eine periodische Revision könnte dagegen schon etwa alle 10 Jahre erfolgen, auf Begehren eines der vertragschließenden Staaten auch schon zu einem früheren Zeitpunkte.

Nicht ganz verständlich ist es, daß die Frage der Gewährung der Vorzugszölle an dritte Staaten in der Literatur so viel Raum einnimmt. Denn selbstverständlich ist an sich nicht bloß jeder Staatsvertrag, sondern überhaupt jeder Vertrag mit Zustimmung der Vertragschließenden der Auflösung oder Veränderung fähig. Wenn also in dem Bündnisvertrage ausgesprochen werden sollte, daß die Vorzugszölle ausschließlich den verbündeten Reichen und nur mit beiderseitiger Genehmigung auch Dritten gegenüber zugestanden werden, so wäre das höchstens als eine Verstärkung der Differenzierung anzusehen, welche dem Auslande gegenüber mehr ins Gewicht fallen kann, sachlich sich aber von selbst verstünde. Aus diesem Grunde kann solche Formel auch ausgesprochen werden. Da, wie oben angeführt, eine automatische Festlegung der Obergrenze für Zollkonzessionen an dritte Staaten besser unterbleiben sollte, würde es sich hierbei nur um Einräumung der vollen Vorzugszölle handeln. Dafür kommen als Nächstbeteiligte unsere weiteren Verbündeten, die Türkei und Bulgarien, weiter die angrenzenden neutralen Staaten, also die Schweiz, die Niederlande, Rumänien und Griechenland sowie die skandinavischen Reiche in Betracht, wobei wir die Frage offen lassen, ob bei Friedensschluß Belgien, Serbien und Montenegro wieder hergestellt und etwa ein selbständiges Polen neu geschaffen werden. Aber alle diese komplizierten Fragen können zurzeit noch gar nicht entschieden werden, solange der Wille der mit uns verbündeten Balkanstaaten noch nicht festgestellt und die Lage nicht geklärt ist; noch weniger ist das möglich hinsichtlich der von uns besetzten feindlichen Gebiete. Für die neutralen Länder muß betont werden, daß ihre Geneigtheit, sich unserem Wirtschaftsbündnis anzugliedern, sicherlich durch Gewährung von Vorzugszöllen der beiden Zentralmächte nicht verstärkt werden dürfte. Vielleicht bedarf es sogar anderer nicht unbeträchtlicher Konzessionen, um diesen gewiß gewünschten Erfolg zu erzielen. Andererseits besitzt der Wirtschaftsbund seinen Schwerpunkt in sich und die Vertragschließenden können sich durch derartige Bedenken nicht ohne weiteres bei seiner Schließung und Ausgestaltung beeinflussen lassen. Man muß sich stets vor Augen halten, daß die Einräumung der gegenseitigen Vorzugszölle, besonders bei der bewußten Absicht ihres allmählichen Abbaus, eine Erschwerung der zukünftigen Handelsverträge mit anderen Staaten bedeutet. Denn die Verschiedenheit der wirtschaftlichen Interessen beider Mächte führt ganz von selbst zu einer verschiedenartigen Haltung gegenüber dem Auslande. Ein Ausgleich dieser Verschiedenartigkeit der Interessen, die sich unter Umständen bis zu einer gewissen Gegensätzlichkeit steigern könnte, wird nicht immer leicht sein.

Ursprungszeugnisse.

Das Vorhandensein von Vorzugszöllen hat gewisse vielfach unerwünschte, mindestens unbequeme Folgen. Die Ursprungszeugnisse, welche bekanntlich in der Aera der bisherigen Handelsverträge zum Segen des internationalen Güteraustausches abgeschafft wurden, müßten voraussichtlich wieder aufleben. Wir lassen die Frage dahingestellt, ob dies auch beim Nichtzustandekommen des Bundes geschehen müßte. Daß Ursprungszeugnisse, besonders in Ländern mit skrupellosem Beamtentum, nicht stets die von ihnen erwartete Wirkung zeitigen, ist bekannt genug und oft belegt worden. Ihre schädlichste Wirkung unter den gegebenen Verhältnissen nach Kriegsbeendigung wäre aber offenbar die, daß dadurch der besonders in Großbritannien geplante Boykott deutscher Erzeugnisse wirksam gefördert würde. Denn man könnte nicht gut in den Friedensbedingungen von unserem jetzigen Gegner etwas verlangen, das man selbst einzuhalten außerstande wäre. Zudem ließe sich die Kennzeichnung der Herkunft der Warenausfuhr, auch wenn sie vertraglich untersagt sein sollte, auf tausenderlei Arten trotzdem bewerkstelligen. Man kann zugeben, daß diese Gefahr stets vorhanden ist, allein die Ursprungszeugnisse verstärken und verlängern sie. Viele deutsche Großindustrielle legen dem großes Gewicht bei. Jedenfalls muß dieses Bedenken stark berücksichtigt werden, so wenig es unseres Erachtens entscheidend bei Schließung des Wirtschaftsbundes ist.

Gegenseitige Verwaltungskontrolle, übereinstimmende Rechtsprechung bei Zollentscheidungen.

Die Durchführung einer gegenseitigen Verwaltungskontrolle zwischen Deutschland und Oesterreich-Ungarn, die im Bündnisfalle notwendig erscheint, wird vielleicht weit leichter durchzusetzen sein, als es zunächst scheint. Sie hätte ja als Muster den zwischen den beiden durch Personalunion verbundenen Donauländern bestehenden Zustand. Ohne Reibungswiderstände, deren Größe man heute vielleicht unterschätzt, wird es dabei nicht abgehen. Trotzdem muß aber eine derartige gegenseitige Verwaltungs-Kontrolle versucht werden, deren Einleitung der erste Schritt zu einer sehr bedeutungsvollen Reform wäre, an die sich als weitere günstige Folge die Festsetzung einer gemischten Verwaltungsinstanz zur Herbeiführung einer übereinstimmenden Rechtsprechung in Zollentscheidungen anschließen müßte. Diese angesichts der vielfach streitigen und unübersichtlichen Auslegung der bezüglichen Gesetzgebung im Reichstage oft erhobene Forderung nach einer unabhängigen Instanz ist noch bis zum heutigen Tage unerfüllt geblieben. Durch das Wirtschaftsbündnis wird die Erfüllung dieser Forderung zu einer zwingenden Notwendigkeit. Ob sie sich gerade in der etwas phantastischen Art vollziehen wird, wie Naumann sich dies vorstellt, bleibe unerörtert. Aber erfüllt muß sie werden, ja sie ist Vorbedingung für ein tadelloses Funktionieren des Bündnisvertrages und wäre ein gutes Vorbild für eine spätere internationale Gesetzgebung dieser Art, die nur segensreich wirken könnte.

Die Gestaltung der zukünftigen Zolltarife.

Sollte das Wirtschaftsbündnis zunächst mit Vorzugszöllen zustande kommen, wie werden alsdann die Zolltarife der verbündeten Staaten aussehen? Hier wird man eine Auswahl unter verschiedenen Formen treffen müssen. Für die praktischste halten wir den Vorschlag von Schumacher[10]), der auf ein Drei-Tarifsystem ausmündet. Neben dem bisherigen General- und Konventionaltarif wäre zunächst für die Verbündeten, dann aber mit deren Zustimmung auch gegenüber anderen Staaten, ein Tarif mit Vorzugszöllen einzuführen, den man den Mindest- oder Vorzugstarif benennen könnte. Wir wollen auch hier wieder unerörtert lassen, ob überhaupt und unter welchen Bedingungen der letztgenannte Tarif an dritte Staaten gegeben werden könnte. Wäre dies im weiteren Verlaufe der Fall, so würden wir uns dem bestehenden Zustande der Doppeltarife (wohl zu unterscheiden von den Maximal- und Minimaltarifen) wiederum nähern. Der Vorzugstarif im obigen Sinne wäre dann der Normaltarif der handelspolitischen Zukunft. Schumacher rühmt diesem System, das übrigens nicht ganz neu ist, nach, daß es die Nachteile des bisherigen Doppeltarifsystems vermeidet. Vor allem sei es ein durchweg auf Vertrag beruhender handelspolitischer Zustand, der dadurch im Gegensatze zu dem bisherigen stehe, daß der autonome Generaltarif nur als Verhandlungsgegenstand hinter den Kulissen eine Rolle spiele. Es sei eine größere Bewegungsfreiheit gegeben, die bisherige Starrheit der Tarifsätze fiele.

---

[10]) Meistbegünstigung und Zollunterscheidung im 155. Bande der Schr. d. V. d. Soz.-Pol. (auch gesondert erschienen) S. 61 ff., vgl. besonders a. a. O. S. 128 ff.

Dem wäre entgegenzuhalten, daß das von Schumacher empfohlene dreiteilige Tarifsystem gar nicht so sehr von dem jetzt geltenden abweichen würde, daß die meisten Vorteile desselben auch heute durch den Handelsvertragstarif erzielt werden könnten. Zudem ist seine Handhabung schwierig und kompliziert, da der dritte Staat doch immer den Vorzugstarif als den Mindesttarif ansehen und ihn voll zu erreichen bestrebt sein würde. Immerhin würde unseres Dafürhaltens dieser Weg für die erste Zeit der Entstehung des Wirtschaftsbündnisses der gangbarste sein, bis sich die allgemeine Lage mehr geklärt hat.

Bei dieser so kompliziert aussehenden Frage ist noch darauf aufmerksam zu machen, daß die entgegenstehenden Schwierigkeiten in der Theorie vielfach überschätzt werden.

Praktisch wird bei Friedensschluß und auch bei Ablauf der Verträge mit den neutralen Staaten kaum sofort ein neuer Handelsvertrag zustande kommen. Wir haben daher volle Entschließungsfreiheit auch über den 31. Dezember 1917 hinaus, auch wenn wir diese Dinge vorher ordnen sollten. Falls von uns den uns feindlichen Mächten nicht bestimmte handelspolitische Forderungen aufgezwungen werden können, bleibt kaum etwas anderes übrig, als die Wahl zwischen Kündigung der Verträge mit den neutralen Staaten oder deren provisorische Verlängerung und eventuelle Erneuerung der Verträge mit den Feinden auf kurze Zeitdauer oder Zollkrieg durch Inkraftsetzung unseres Generaltarifes mit Zuschlägen.

Auch im Verhältnis Deutschlands zu Oesterreich-Ungarn wäre ein handelspolitischer Uebergangszustand sehr empfehlenswert etwa auf der Grundlage des bestehenden Vertrages mit bestimmten kleineren Konzessionen, selbst wenn das Wirtschaftsbündnis bereits bis Ende 1917 fest vereinbart sein sollte. Ein derartiges Provisorium würde das Ineinanderwachsen beider Volkswirtschaften mehr befördern als zu rapide Veränderungen.

Die Wirkungen der Vorzugszölle auf wichtige Einzelindustrien in den verbündeten Ländern.

Bisher hatten wir die Wirkungen der geplanten *Vorzugszölle für Industrieprodukte* nur in allgemeinen Grundzügen betrachtet. Wir müssen nunmehr aber mehr ins einzelne gehen, um die Beeinflussung bestimmter Industriezweige durch Herabsetzung bzw. Aufhebung dieser Zölle kennen zu lernen, wobei nur eine kursorische Uebersicht über die für die Ausfuhr beider Reiche wichtigsten Warengattungen gegeben werden kann.

Vergleich der Ausfuhr beider Reiche.

Es wurde schon erwähnt, daß im Jahre 1913 die deutsche Ausfuhr in Industriewaren nach Oesterreich-Ungarn (Wert 713,3 Mill. Mark) 3 mal so groß war wie die Einfuhr von dorther (230,8 Mill. Mark).

Nur bei ganz wenigen Warengruppen überwog die österreichisch-ungarische Ausfuhr nach Deutschland die deutsche Ausfuhr dahin. Es waren dies *Mineralöle, Wachswaren, Paraffin, Lichte, Seifen* usw. (5,5 Mill. Mark Oesterreich nach Deutschland gegen 3,5 Mill. Mark umgekehrt). Sodann kam die Stärke der altberühmten österreichischen *Textilindustrie*, insbesondere der böhmischen, die im Jahre 1908 nicht weniger als 206 000 Spindeln besaß, zum Ausdruck in dem österreichischen Ausfuhrüberschuß an Erzeugnissen aus *Flachs, Hanf* usw. (17,9 gegen 7,1 Mill. Mark Warenwert) und endlich in der gleichfalls vorzüglichen Erzeugung von *Hüten* in Oesterreich (7,2 gegen 1,7 Mill. Mark Warenwert). Damit ist aber auch der Kreis der vorwiegenden österreichischen Industrieprodukte, außer der oben erwähnten Erzeugung von *Braunkohle* und *gebogenen Holzmöbeln*, geschlossen. Man sieht daß es sich im ganzen um nur wenige, an Warenwert verhältnismäßig unbedeutende österreichische Industrieprodukte handelt, um hervorragende, seit langem eingeführte Spezialitäten. Im Verhältnis zu der großartigen Entwicklung der betreffenden

Industriezweige in Oesterreich — Ungarn kommt hier so gut wie gar nicht in Betracht — ist die Ausfuhr nach Deutschland in der Textilindustrie, der Glas- und Porzellanindustrie und der Papierindustrie nicht gerade bedeutend. Ob durch Vorzugszölle die Ausfuhr in diesen Waren steigerungsfähig sein wird, steht dahin. Jedenfalls werden die deutschen Industriellen der Zollermäßigung ebenso lebhaften Widerstand entgegensetzen, wie die österreichisch-ungarischen dies bereits bei der großen Mehrzahl solcher Artikel ausgesprochen haben, in denen die deutsche Ausfuhr weitaus vorwiegt. Außer den bereits erwähnten unedlen Metallen und Maschinen ergab sich ein beträchtlicher Saldo auf deutscher Seite, namentlich bei chemischen Erzeugnissen, Farben usw. (51,5 Mill. Mark), bei Rohstoffen der Textilindustrie, Seide, Wolle, Baumwolle, die allerdings mehr Durchfuhr- bzw. Zwischenhandelsartikel sind — bemerkenswerterweise auch bei Leder und Lederwaren, Kürschnerwaren, in denen früher Oesterreich Hervorragendes leistete, auch bei Holzwaren. Besonders stark ist der Ueberschuß der deutschen Ausfuhr bei der Gruppe: Bücher, Bilder, Gemälde (20,6 Mill. Mark) Gold- und Silberwaren (7,1 Mill. Mark), Feuerwaffen, Uhren usw., in welchen die deutsche Industrie, wie in Musikinstrumenten und Kinderspielzeug, den Markt in Oesterreich-Ungarn beherrscht.

Vergleich der Zollhöhe in beiden Staaten.

In einer geringen Anzahl von Artikeln ist der deutsche Vertragszollsatz für Industrieprodukte höher als der in Oesterreich-Ungarn. Nur wenig bedeutend ist dieser Unterschied bei Tafelschiefer und Quebrachoauszügen. Kammzug ist in Deutschland mit einem Zoll von 2 M. belastet, geht aber nach unserem Nachbarstaate im Interesse der Kammgarnspinnerei zollfrei ein. Nur von deutscher Seite fand in Kammzug eine Ausfuhr im Werte von 33,4 Mill. Mark (1913) statt.

Erheblich höher sind die deutschen Zölle auf e i n d r ä h t i g e s L e i n e n g a r n , H a n f g a r n und R a m i e g a r n. Die österreichische Ueberlegenheit wird begünstigt durch die billigeren Arbeitslöhne in Böhmen, und durch den dortigen erheblichen Flachsbau. Daher auch das Ueberwiegen der österreichischen Ausfuhr in diesen Waren über die deutsche (1913 = 14 Mill. Mark gegen 1,6 Mill. Mark). K u n s t s e i d e , die in Oesterreich zollfrei bleibt, ist bei uns gering belastet. Einfuhr und Ausfuhr zwischen beiden Ländern halten sich ungefähr die Wage. Ebenso wird Z i e g e n - und L a c k l e d e r bei uns höher verzollt, wir führen nach dem Donaustaate darin für mehr als 6 Mill. Mark ein, erhalten aber von dort so gut wie nichts. Für K a u t s c h u k f ä d e n (in Oesterreich zollfrei), F u r n i e r e und P a r k e t t b o d e n t e i l e , Z e l l h o r n und W a r e n daraus sind ebenfalls die deutschen Zollsätze höher, auch hier überwiegt unsere Ausfuhr beträchtlich. Endlich werden S p r e c h m a s c h i n e n , S c h w a r z w ä l d e r U h r e n und K l a v i e r m e c h a n i k e n in Deutschland höher verzollt als dort.

Im großen und ganzen kommen aber für die Gewährung deutscher Vorzugszölle nur wenige Warengattungen in Betracht; die Zölle darauf sind nicht eben hoch und betreffen mit Ausnahme der Flachsgarne keine spezifisch österreichischen Erzeugnisse, in denen eine regere Ausfuhr nach dem Deutschen Reiche stattfindet.

Annähernd g l e i c h sind die Zölle beider Staaten in folgenden wichtigeren Gruppen: w o l l e n e K l e i d e r s t o f f e , K o n f e k t i o n s w a r e n , L e d e r - u n d L e d e r s c h u h e , H a n d s c h u h e a u s L e d e r , S t e i n g u t , P o r z e l l a n - u n d H o h l g l a s. Die anderen zollgleichen Waren wie die beiderseitig zollfrei eingehenden Rohstoffe kommen hier wenig in Betracht. Nur F i l z h ü t e und H a n d s c h u h e führt Oesterreich nach Deutschland mehr aus, als es solche einführt. Die entsprechenden deutschen Industrien sollten jedoch diesem Wettbewerb gewachsen sein, falls sie ausreichend gegen die andere ausländische Konkurrenz geschützt werden.

Dagegen sind die Zollsätze aller anderen Industrieprodukte in Oesterreich-Ungarn teilweise beträchtlich höher, als bei uns, und dies sind gerade die hauptsächlisten Industriegruppen und zugleich die größten Artikel für die deutsche Ausfuhr an unsere Verbündeten. Hierher gehören vor allem die Erzeugnisse der chemischen Industrie, in der mit Ausnahme von Kalziumkarbid durchweg die deutsche Ausfuhr stark überwiegt. Während diese Waren bei uns zollfrei oder niedrig belastet sind, halten sich die österreichischen Vertragszölle auf stattlicher Höhe. Das gleiche Verhältnis waltet ob in der Seiden-, Woll- und Baumwollindustrie, in einzelnen Zweigen der Leinen- und Hanf-Industrie, bei Lederwaren, Kautschuk, Holz- und Schnitzwaren, Papier, Tonwaren, einigen Artikeln der Glasindustrie (Thermometer, Apparate, künstliche Augen, Glasmalereien usw.). Sehr hoch ist der Unterschied der Zölle auf Edelmetallwaren und auf Eisen (besonders bei Halb- und Fertigfabrikaten), auf unedle Metalle, Apparate, Maschinen und Erzeugnisse der elektrotechnischen Industrie, bei durchweg viel stärkerer deutscher Ausfuhr bei Fahrrädern, Handfeuerwaffen, Taschen- und Großuhren, Klavieren, Mund- und Ziehharmonikas und Kinderspielzeug. In all diesen Artikeln überwiegt nicht nur die deutsche Ausfuhr nach Oesterreich-Ungarn die Einfuhr von dorther bedeutend, sondern sie steht bei der gesamten Einfuhr des Donaustaates an erster Stelle mit Ausnahme der englischen Einfuhr von Baumwollgarnen und der schweizerischen von Baumwollwaren. Indessen hat sich die deutsche Ausfuhr auch darin stetig auf Kosten der anderen erhöht.

Auf dem Markte Oesterreich-Ungarns ist die deutsche Einfuhr an Industrieartikeln die führende. Dieser Umstand aber erklärt die Besorgnis vieler österreichisch-ungarischer Industrieller vor einem engeren Wirtschaftsbündnis. Denn sie befürchten von den Vorzugszöllen, daß dadurch die überlegene deutsche Industrie noch weitaus mehr den Markt beherrschen wird, während die Erleichterung des Wettbewerbes auf dem deutschen Markte ihnen wenig nützen könnte. Gleiche Befürchtungen bestehen auch auf deutscher Seite besonders in Industriezweigen, bei denen sich schon heute der österreichische Mitbewerb fühlbar macht.

Dem muß entgegengehalten werden, daß derlei Befürchtungen häufig übertrieben werden, und daß auch Ersatz für verloren gegangenen Absatz mitunter unschwer zu beschaffen ist. Der Industrie bieten sich viele Möglichkeiten, eine sogar bessere Rentabilität zu erzielen —, trotz, vielfach sogar wegen des Druckes auswärtiger Konkurrenz - Möglichkeiten, an die man häufig vorher gar nicht gedacht hat. Eine durch Wettbewerb gespornte Industrie vermeidet die Stagnation im technischen und kommerziellen Fortschritt. Schließlich wäre es denkbar, worauf Naumann große, unseres Erachtens übertriebene Hoffnungen setzt, die bestehenden Kartellorganisationen unter Aegide des Staates zur Verteilung und Regulierung des Absatzgebietes zu benutzen.

Beseitigung der „Zollkuriosa".

Hervorzuheben ist der wichtige Umstand, daß die Systematik des bisherigen österreichisch-ungarischen Zolltarifes es gestattet, bei der Zolldeklaration Waren, die an sich technisch wie handelsüblich als einheitliche anzusehen sind, auch je nach ihren, mitunter nur geringfügigen Zutaten zu verzollen. Wenn derartige kleine, aber notwendige Bestandteile einer Ware, z. B. Spinn- oder Webstoffe, Seide, Metallbeschläge usw. dem besonderen Zollsatze der betreffenden Position unterliegen, so entstehen die beliebten „Zollschikanen", die im Güteraustausch mit Oesterreich-Ungarn von unseren Exporteuren als besonders lästig empfunden werden und im Endergebnis einen weitaus höheren Zollschutz für die österreichischen Industriezweige bedeuten, als durch die Höhe der Zollsätze an sich bezweckt und gerechtfertigt ist. Diese Erschwerung der deutschen

Ausfuhr müßte unbedingt bei Schaffung des Wirtschaftsbündnisses beseitigt werden. Zum guten Teil würde schon das gemeinsame Tarifschema diese Wirkung ausüben; wo dies nicht der Fall sein sollte, müßten Vereinbarungen bzw. eine sich herausbildende feste Jurisdiktion der oben geforderten gemischten unabhängigen Instanz zur Entscheidung von Zollstreitigkeiten dies erzielen. So unterliegen z. B. heutzutage Kinderspielzeuge in Oesterreich-Ungarn je nach dem verarbeiteten Stoffe einem Zolle von nicht weniger als 200 Kronen, der prohibitiv wirken muß, gegen den einheitlichen Zollsatz von nur 10 M. im deutschen Vertragstarif. Wenn trotzdem Deutschland diese Waren im Werte von 4,4 Mill. Mark gegen nur 0,4Mill. Mark Einfuhr nach Oesterreich-Ungarn lieferte, so ist das ein glänzender Beweis für die Leistungsfähigkeit dieses deutschen Industriezweiges, zeigt aber zugleich, daß namentlich hochwertige Artikel beim Fehlen dieser lästigen Bestimmung in noch größeren Mengen dahin exportiert werden könnten.

Handel, Handwerk und Konsumenten.

Noch einige kurze Andeutungen über die Wirkungen des Wirtschaftsbündnisses in beiden Reichen auf andere Berufszweige als Landwirtschaft und Industrie. Daß der gegenseitige Handel in beiden Vertragsstaaten dadurch belebt und gefördert würde, bedarf kaum näherer Ausführung. Dies wäre eine um so erfreulichere Wirkung, als nach dem Kriege dieser jetzt so niedergehaltene und vielfach bedrohte, sogar vernichtete bedeutsame Erwerbszweig wohl nicht sofort in alter Stärke wieder aufleben dürfte. Insbesondere ist hier das Transportgewerbe zu erwähnen, das dem Staate auch heute verschlossene Einnahmequellen erschließt, wobei nochmals die oben gestellte Forderung ins Gedächtnis zurückgerufen werden mag, daß die offenen oder versteckten Begünstigungen der jetzigen Tarifpolitik in Oesterreich-Ungarn unbedingt beseitigt werden müßten. Bis in die kleinsten Ausstrahlungen hinein, bis zum geringsten Kleinhandel wird sich die günstige Folge des Wirtschaftsbundes um so mehr geltend machen, als mit Kapitalmangel, fehlendem Warenbezug und vor allem mit hohen, den Verkauf erschwerenden Preisen, längere Zeit zu rechnen sein dürfte.

Im Handwerk kann sich zunächst die Folge des Bündnisses nur mehr indirekt äußern, so besonders durch erleichterten Rohstoffbezug, Austausch von Arbeitskräften usw. Gewinnen würde aber sicherlich vor allem das österreichische Kunsthandwerk, das sich in einzelnen Zweigen, namentlich infolge einer längeren intensiveren Pflege seitens der Regierung, auf einer höheren Entwickelungsstufe befindet, als das vielfach nur für den lokalen Bedarf arbeitende deutsche. Die Handarbeit und der geläuterte — mitunter allerdings an sensationeller Uebertreibung leidende — Geschmack werden hervorragenden österr.-ungarischen Erzeugnissen ein noch größeres Absatzgebiet als bisher bei uns schaffen und gleichzeitig auf unser Kunsthandwerk anregend wirken. So dürfte aus dem Wirtschaftsbunde auch für das Handwerk reicher Segen entstehen.

Auch derer, an die kaum jemand denkt, muß gedacht werden: der großen Menge der Konsumenten[11]). Die Untersuchung von C. v. Tyszka gelangt zu dem Ergebnis, daß die Zollunion — an die allerdings kaum jemand ernstlich glaubt — durch die Abschließung vom Weltmarkt und durch höhere Zölle auf Brotgetreide die Konsumenten schwer treffen würde. Bei Vorzugszöllen würde nur in wenigen Spezialartikeln eine Versorgung Deutschlands mit Nahrungsmitteln durch Oester.-Ungarn in Frage kommen, so namentlich in Malzgerste, Malz, Geflügel und Eier. Dies wäre den Verbrauchern nützlich, während eine Herabsetzung der Zölle auf Vieh und auf Brotgetreide bedenklich sein würde. Damit ist diese vielverschlungene Frage allerdings noch keineswegs gelöst. Namentlich wären die Folgen einer Steigerung des ungarischen Weizenbaues näher zu erörtern, wir verzichten jedoch hierauf, nicht bloß weil es sich hierbei um eine

[11]) Vgl. C. v. Tyszka, in Schriften d. Ver. f. Soz.-Pol. Bd. 155 S. 320 ff., besonders S. 339 ff. und 344 ff.

allerdings hochwichtige Einzelheit handelt, sondern weil es vor der Hand an rechnerischen Grundlagen dafür vollkommen fehlt. Es genügt hier zu betonen, daß Oesterreich - Ungarn für absehbare Zeit uns niemals einen voll ausreichenden Ersatz für die uns bei Abschluß gegen andere Länder des Weltverkehrs fehlende Zufuhr an Lebensmitteln bieten wird. Ob dies mit Hinzuziehung der Balkanstaaten möglich sein wird, steht dahin.

Der Handelsverkehr mit den Balkanstaaten.

Die ganze Frage des zukünftigen Handelsverkehrs mit den Balkanstaaten hier aufzurollen, liegt kein Anlaß vor. Hier kann es sich nur darum handeln, inwieweit und in welcher Richtung dieses Problem einen Einfluß auf das deutsch-österr.-ungarische Wirtschaftsbündnis ausübt. Diese Einwirkung ist eine sehr bedeutsame, zugleich aber eine widerspruchsvolle. Dabei soll ein eigentliches Wirtschaftsbündnis mit den Balkanstaaten selbst als eine Zukunftshoffnung außer Spiel bleiben. Daß unser politisches wie handelspolitisches Ziel in der Angliederung dieser Staaten — natürlich nicht etwa in der boshaften Formel des „Kalifates Berlin", wie Herr Sasonow träumte — bestehen muß, ist ein öffentliches Geheimnis. Das erfordert sowohl die Neuorientierung unserer Politik der Bündnisse, wie die bittere Notwendigkeit, uns neue Rohstofflieferanten aus den bisher nur ungenügend erschlossenen Gebieten des Balkans und Vorderasiens zu gewinnen. Wie die modernen Verkehrswege mehr und mehr in die Bahnen der alten Welt einzumünden beginnen, so gewinnt auch das Mittelmeer und der noch unentwickelte Handel seiner Küstenländer mit den Hinterländern stetig steigende Bedeutung, welche die Afrikas und sogar Chinas weit überflügeln dürfte. Es darf daran erinnert werden, daß ein so bedeutender deutscher Volkswirt wie Karl Rodbertus, den man mit Recht einen sozialen „Seher" genannt hat, schon vor langen Jahren den lapidaren Satz prägte: „Und ich hoffe noch den Tag zu erleben, da deutsche Ackerbauer und Arbeiterbataillone am Bosporus stehen". —

Man braucht diesen Optimismus nicht voll zu teilen, um doch in dieser kolonisatorischen Tätigkeit eine unserer bedeutsamsten Zukunftsaufgaben zu erblicken.

Die Frage ist aber nur, ob das deutsch-österreichisch-ungarische Wirtschaftsbündnis diese Tätigkeit fördern oder ihr etwa nachteilig werden kann. Daß an sich dieser Zusammenschluß und sein Weiterwirken auf gemeinsamer Grundlage die Angliederung dieses Wirtschaftsgebietes, wie auch anderer noch isoliert bleibender, fördern muß, scheint uns festzustehen. Schon die Größe und die Leistungsfähigkeit dieses neuen Komplexes wirkt dahin, obwohl er, wie N a u m a n n treffend hervorhebt, an sich an Gebietsumfang wie an Menschenzahl den anderen „Großbetrieben" dieser Art (Britisches Weltreich, Vereinigte Staaten, Rußland) unterlegen ist. Allein der neue Wirtschaftsbund ist der geographisch nächstliegende, er ist ein eingeführter Kunde in jenen Gebieten, er ist mit ihnen politisch verbündet — schon das reicht hin, ihm dort die leitende Rolle anzuweisen.

Diese unleugbar günstige Folge wird allerdings wiederum durch die Rivalität und die grundverschiedenen Interessen jedes der verbündeten Staaten im Verkehr mit jenen Gebieten abgeschwächt. Während Oesterreich-Ungarn überhaupt keine beträchtliche Gesamt-Ausfuhr besitzt und diese auch nicht so stark gesteigert hat wie Deutschland und andere Staaten, wacht es erklärlicherweise um so schärfer über sein Absatzgebiet in den Balkanländern. Es betrachtet diese als seine natürliche Domäne. Das hat zu mancherlei Mißhelligkeiten und bezüglich Serbiens sogar zum offenen Handelskonflikte geführt und damit den Ausbruch des Weltkrieges beschleunigt. Unter solchen Umständen kann man es verstehen, wenn der sich stetig fühlbarer machende Wettbewerb Deutschlands in der Donaumonarchie von mancher Seite bitter empfunden wird, und man kann von jenen Interessenten nicht erwarten, daß sie mit Begeisterung für ein Wirtschaftsbündnis eintreten, das eine Verstärkung der ohnehin überlegenen deutschen Ausfuhr nach dem Balkan bringen kann. In absoluten Zahlen weist die (allerdings unvollständige) Handelsstatistik eine sehr beträchtliche Zunahme des Verkehrs der Balkanstaaten mit Oesterreich-Ungarn auf, und zwar sowohl in Einfuhr wie in Ausfuhr. So steigerte sich letztere in der Periode 1890 bis 1911 nach Rumänien von 8,9 auf 62,9 Mill. Frank Warenwert, nach Bulgarien von 5,8 auf 10,5, M., nach Serbien von 29,4 auf 48,4 M. und nach der Türkei von 29,95 auf 37,98 M. Mit Ausnahme der Ausfuhr nach Bulgarien, die aber relativ unbedeutend war, ist die Ausfuhr Oesterreich-Ungarns in diese Länder erheblich größer als die deutsche.

Allein betrachtet man die Ausfuhr anteilig der gesamten Einfuhr nach den betreffenden Ländern, so ergibt sich ein gänzlich anderes Bild. Oesterreich-Ungarns Export nach Rumänien, der in der Periode 1876—1880 sogar 51,44 % des gesamten Exportes betragen hatte, belief sich nach starken Schwankungen in der Zeit von 1891 — 1895 auf 23,90 %, stieg in weiteren fünf Jahren auf 28,37 %, um von da ab erst langsam, dann in stärkerem Maße auf nur 24,62 % zu fallen (1910). Daß Deutschland auf dem rumänischen Markte der Sieger war, ergibt sich daraus, daß in den Jahren 1876—1880 die deutsche Einfuhr nur 8,86 % der ganzen rumänischen Einfuhr, in den Jahren von 1891—1895 aber 28,80 % betrug. Schon damals lieferte Deutschland einen um 13 Mill. Lei höheren Warenwert, als Oesterreich-Ungarn im Jahre 1910. Und in diesem Jahre stieg der Anteil Deutschlands auf 33,92 %. Dementsprechend ist der zeitweilig nicht unbeträchtliche Anteil Großbritanniens am Export nach Rumänien (1880—1890 = 26,80 %) von da ab stetig bis auf zuletzt 15,35 % zurückgegangen, was die Ueberlegenheit Deutschlands deutlich illustriert.

Die gleiche Erscheinung weist die Ausfuhr nach Bulgarien auf. Zwar dominiert heute noch Oesterreich-Ungarn, aber sein Anteil, der in den Jahren 1890 bis 1894 sich auf 37,55 % der gesamten bulgarischen Einfuhr belaufen hatte, ging seither in den Jahren 1908—1912 trotz gleichzeitigen starken Steigens des Wertbetrages stetig und stark bis auf 25,17 % der Einfuhr zurück. Ebenso sank die Beteiligung Großbritanniens von 23,79 auf 15,95 % in den letzten Berichtsperioden, während Deutschlands Ausfuhrhandel nach Bulgarien, der 1890—99 nur 19,95 % bei der sehr bescheidenen Wertmenge von 8,76 Mill. Frank betragen hatte, in den Jahren 1909 bis 1912 schon auf 19,03 % angewachsen war und sich dem Wertbetrage nach nahezu verdreifacht hatte[12]).

Unter solchen Verhältnissen sind die Besorgnisse in Oesterreich-Ungarn nicht unbegründete. Ob von dorther aus eigener Kraft und Initiative eine Besserung erfolgt, ist wohl denkbar, aber keineswegs sicher. Die Schwierigkeit im Handelsverkehr der Donaumonarchie mit den Balkanstaaten liegt vor allem darin, daß Oesterreich — ganz besonders auch mit Rücksicht auf den Agrarstaat Ungarn — der landwirtschaftlichen Ausfuhrprodukte der Balkanstaaten nicht im gleichen Maße bedarf wie wir, daß ferner die österreichische Industrie nicht ebenso leistungsfähig ist und der Vorzug ihrer geographischen Lage durch die billigeren Seefrachten bzw. durch die zu hohen Abgaben auf der ungarischen Donau, von denen oben eine drastische Probe gegeben wurde, mehr wie wett gemacht wird. Hierin könnte allerdings durch Abkommen mit Deutschland eine Art von Ausgleich geschaffen werden, der freilich mit Rücksicht auf die entgegenstehenden Interessen der deutschen Seehäfen doch nur ein unzureichender sein dürfte. In welcher Weise jedoch der Aufstieg Deutschlands hier lokal wettgemacht werden soll, bleibt trotz aller hierzu gemachten Vorschläge vollkommen dunkel. Denn die oben erwähnten hauptsächlichen Ursachen der Ueberlegenheit Deutschlands bleiben bestehen und dürften sich nach Friedensschluß eher noch verstärken. Ausgeschlossen ist es, eine Art von wirtschaftlicher Aufteilung der Gebiete vorzunehmen. Höchstens könnten das starke Kartelle unter Aegide des Staates für einzelne Warengattungen tun. Und dabei bliebe immer noch die Frage offen, ob dem in den Vertragsstaaten und vor allem in den Balkanstaaten zugestimmt würde. Der jetzt durch die vielen Kriege erschöpfte, an sich arme Balkan kann nur allmählich und in geringem Maße Waren aufnehmen

---

[12]) Allerdings ist dabei zu beachten, daß die Bewegung bei kleineren Prozentziffern größer scheint, als sie es in Wirklichkeit ist.

und austauschen, zumal gerade wenige spezifisch österreichische Industrieprodukte. Da Deutschland aber Abnehmer der von dorther kommenden Waren in noch höherem Grade bleiben wird, dürfte sich die Wage noch mehr zu seinen Gunsten senken. Doch wird auch Oesterreich-Ungarn durch die voraussichtliche Erweiterung seiner balkanischen Gebiete dort seinen wirtschaftlichen Einfluß zu steigern vermögen. Allein dieser Brandherd der Welt birgt auch für das Wirtschaftsbündnis besondere Gefahren.

Schluß: Das zukünftige Verhältnis beider Staaten im ganzen.

Damit sei diese Untersuchung abgeschlossen. Da sie sich wesentlich auf die Zollpolitik beschränkt, muß nochmals hervorgehoben werden, daß diese von andersartigen Momenten, besonders politischen, durchkreuzt werden kann und diesen unter Umständen unterzuordnen ist, ebenso, daß die wirtschaftlichen Verhältnisse im Augenblick einer einigermaßen festen Basis entbehren und zurzeit nur mehr oder weniger unsichere Urteile darüber abgegeben werden können, die vielfach den Charakter bloßer Mutmaßungen tragen. Damit gilt es zu rechnen, da jeder unvorsichtige Schritt sich in so bedeutsamem Moment doppelt schwer rächen könnte. Es bedingt dies ein behutsames Vorgehen in der Frage des Wirtschaftsbündnisses, während andererseits die ganze Lage zu einer grundsätzlichen Entscheidung drängt. Darin liegt vielleicht die allergrößte Schwierigkeit der hohen Aufgabe, die den leitenden Personen in beiden Reichen zufällt, ungerechnet der vielen anderen Hemmnisse, die oben erörtert wurden.

Fassen wir das Gesamtergebnis vorstehender Ausführungen kurz zusammen, so ergibt sich folgendes:

Als unerläßliche Vorbedingung eines Wirtschaftsbündnisses zwischen Deutschland und Oesterreich-Ungarn muß ein langfristiges und enges handelspolitisches Abkommen zwischen den beiden Reichshälften der Donau-Monarchie geschaffen werden. Erst dann ist es möglich:

a) unter Beibehaltung von Zwischenzöllen gegenseitige Vorzugszölle einzuführen, deren allmählicher Abbau vorgesehen werden soll;

b) ein gemeinschaftliches Zolltarifschema für die beiden verbündeten Staaten zu schaffen;

c) Handelsvertragsverhandlungen mit dritten Staaten nur im beiderseitigen Einvernehmen zu führen;

d) die Frage der Valuta und der Zollzahlungen zu regeln;

e) Vereinbarungen zu treffen über den Ausbau der Tarife für Eisenbahnen und künstliche Wasserstraßen;

f) eventuell auch andere zur Herstellung engerer wirtschaftlicher Beziehungen wünschenswerte Verträge zwischen den beiden Reichen zu schließen.

Für absehbare Zeit unmöglich scheint uns der Gedanke einer Zoll-Union.

Ohne erhebliche Opfer von beiden Seiten, ohne den unerschütterlichen Willen, über alle Hemmnisse hinweg zum Ziele zu gelangen, kann das Problem nicht gelöst werden. Allein gerade jetzt noch unter der Wirkung der Begeisterung, in der beide Reiche dem Ansturm von allen Seiten her trotzen, eines für das andere eintritt, ist eine solide Bürgschaft dafür vorhanden, daß in irgendwelcher Form ein enges Wirtschaftsbündnis kommen muß, weil es das Gebot der Stunde so heischt. Die Form des Bündnisses, das Tempo seiner Entwicklung, alles andere ist schließlich bedeutungslos gegenüber diesem festen Willen, so wichtig auch diese Einzelheiten sind und so sorgsam sie vorher erwogen sein müssen.

Noch Eines gilt es hervorzuheben. Die zollpolitische Vereinbarung wie die mehr oder weniger angrenzenden engeren und weiteren wirtschaftlichen Probleme sind letzten Endes bei all ihrer Bedeutsamkeit nicht allein die für den ökonomischen Entwicklungsgang der Zukunft in beiden Staaten maßgebenden. Sie werden vielfach überschätzt, weil durch die Berührung der Interessen aller Volksschichten, durch die oft allzu erregte Diskussion der Vertreter in voller Oeffentlichkeit sich die irrige Meinung herausgebildet hat, die Höhe des Zolles entscheide in der Hauptsache über Art und Ausdehnung der Erzeugung und des Absatzes. Daß dieser Einfluß, von wenigen Ausnahmen abgesehen, ein mehr oder weniger indirekter ist, daß er von vielen andersartigen Einwirkungen, die sich vorher in ihrem Gewicht nicht übersehen lassen — gefördert wie gelähmt werden kann, das alles ist dem Unparteiischen eine Binsenwahrheit, gilt aber wenig in den Kämpfen des Tages.

Wie immer das Wirtschaftsbündnis geartet sein wird, es besagt an sich noch recht wenig und entscheidet nicht über den Aufstieg oder den Rückgang der wirtschaftlichen Kräfte. Es sind gerade vorwiegend österreichisch-ungarische Schriftsteller, Interessenten und zugleich warme Patrioten, es sind gerade die intimsten Freunde der Donaumonarchie im Deutschen Reiche, welche das Zurückbleiben der wirtschaftlichen Entwicklung im Nachbarstaate ganz anderen Momenten als der Ausgestaltung der Zolltarife zuschreiben. Und das ganz mit Recht. Es tritt daher die Wirkung des Bündnisses hinter höheren Gesichtspunkten stark an Bedeutung zurück.

Wir können diese Arbeit nicht besser abschließen, als mit den treffenden Worten von Professor E. Eulenburg[13]):

„Es kommt in erster Reihe auf eine innere Hebung der österreichisch-ungarischen Volkswirtschaft selbst entscheidend an. Stärkung des österreichisch-ungarischen Marktes, Steigerung der Bedürfnisse der Bevölkerung, Erhöhung der Produktions-

---

[13]) Die Stellung der deutschen Industrie zum wirtschaftlichen Zweibund. Schriften des Ver. f. Soz.-Pol. Bd. 155, S. 1 ff., vgl. a. a. O. 102/103.

kräfte des Landes, Vermehrung der Kapitalien in den dortigen Gewerben und Hebung der Leistungsfähigkeit der ganzen Volkswirtschaft. Das ist aber das Gesamtinteresse der deutschen Industrie. Im Verhältnis zu diesen Momenten ist die Frage des Wirtschaftsbündnisses in der einen oder anderen Form von relativ untergeordneter Bedeutung. Auch die Frage der Vorzugsbehandlung tritt demgegenüber ganz zurück!" —

Druck von A. W. Hayn's Erben (Curt Gerber), Berlin SW 68.

FSC
www.fsc.org
MIX
Papier | Fördert gute Waldnutzung
FSC® C083411

Kolibri 360 GmbH
Ferdinand-Jühlke-Straße 7
99095 Erfurt, Deutschland
produktsicherheit@kolibri360.de